マルクス疎外論の射程

「カール・マルクス問題」の解決のために

Die Reichweite von Marxschen Entfremdungs-theorie

著 長島 功
Isao Nagashima

社会評論社

まえがき

旧ソ連、東欧諸国の「社会主義」政権が相次いで崩壊してから二五年ほどになる。この間、西欧ではマルクス主義の権威は失墜し、イギリスでは共産党が解党し、イタリアでは共産党の主流派が社会民主主義に転向した。西欧世界でのこのようなマルクス主義の退潮ぶりは書物の世界にも現われていて、海外文献の新本目録にマルクス主義に関する研究書を探すのは容易ではない。ただイギリスのBBC放送の調査によると、世界で最も偉大な哲学者と見做されているのは相変わらずマルクスであり、我が国でもマルクスの入門書は今も数多く出版されている。こうした現象をわれわれはどのように解釈したらよいのだろうか。私の考えでは、人々は現在のマルクス主義または共産主義に幻滅しながらも、その創始者であるマルクスの思想と理論に戻って現在のマルクス主義のあり方を再検討しようとしているのではないだろうか。このような志向を支持し、マルクス主義の刷新に寄与するために、本来のマルクスの思想である疎外論に読者の目を引き寄せることが本書の出版を通じて私が目指した目的である。

ところで、マルクスの思想の核心をなす疎外論の内容を検討することは、とりわけマルクス主義の刷新にとって重要な貢献になると私は期待する。というのは、マルクス主義のなかで疎外論が占める次のような思想的な位置を考慮する必要があるからである。マルクス主義が唯物論的世界観、科学的社会主義およびマルクス主義経済学という三つの構成部分からなると提唱したのはレーニンだが、その当否は別としても、これらの中で中核となる部分は科学的社会主義である。科学的社会主義が科学的と呼ばれる理由は、『資本論』により資本主義の没落と社会主義の出現の必然性が科学的に証明されたことにある。ところが、マルクス・エンゲルスによって創始された共産主義は、『資本論』の完成以前は、例えば『共産党宣言』では「私的所有の止揚〔廃止〕(Aufhebung des Privateigentums)」の一語で表現されると宣言された。ところが、「私的所有の止揚」を共産主義と見做すことは初期のマルクス・エンゲルスも同様である。エンゲルスに関しては本書の『ドイツ・イデオロギー』に関する論述を参照して欲しいが、マルクスに関しては、すでに『経済学・哲学草稿』で「人間の自己疎外としての私的所有の積極的止揚としての共産主義」が唱道されていた。すなわちマルクスにとって共産主義は人間の自己疎外の止揚なのである。つまり疎外論はマルクスの共産主義論の核心なのである。この点は実践的唯物論においても同様であるといってよい。実践とは第一に労働であるとともに社会変革の実践でもあり、そういう意味では共産主義を実現するための実践である。そして共産主義が私的所有の止揚〔廃止〕、すなわち自己疎外の止揚であれば、実践的唯物論の中心概念である変革的実践も自己疎外の止揚を目指すものにほかならない。その点で疎外論は実践的唯物論に不可欠な思想である。最後にマルクス主義経済学の中核は『資本論』に集約されているが、それは近代ブルジョア的私的所有、資本主義的生産様式とそれに照応する資本主義的生産関係・分配関係の止揚の必然性を科学的に証明したものにほかならない。したがって、この学問においては私的所有の止揚、言い換えれば自己疎外の止揚の必然性を科学的に証明することがその中心的内容をなしている。事実、『資本論』においては私的所有の原因である「労働の疎外」に関する記述が随所に見られる。このように見てくると、疎外論はマルクス主義の三つの構成部分のどれにも不可欠の部分として含まれている。したがって、疎外論はこうした意味ではマルクス主義の各構成部分を統一する思想であり、そのような意味で疎外論こそマルクス主義思想の核心と呼ぶことができるのである。

ところが、残念なことに唯物史観の成立と「哲学的意識の精算」によって疎外論は物象化論に解消されたとか、疎外概念は記述的・客観的概念としてしか使用されなくなったという議論が横行してきた。しかし、実際には、疎外論は『ドイツ・イデオロギー』においても捨てられていないし、『資本論』とその準備草稿においてはむしろ疎外概念は頻繁に用いられ、疎外論は理論の中心的な基軸となっている。本書では中期・後期マルクスの著作と草稿類において疎外論がどのように発展させせられているかについて詳しく論及すること（これは筆者に課せられた次の課題である）はしないが、初期マルクスの疎外論が後期マルクスに継承されていることは十分に納得できるほど明確に示したつもりである。この点で本書は、いわゆる「カール・マルクス問題」の解決の一つの試みであると筆者は考える。この問題は、『マルクス　著作と思想』（望月清司他著、有斐閣新書、一九八二年）によると、三点あるようであるが、その第一に挙げられているのは、「初期マルクスの人間疎外論が『資本論』の剰余価値論にどうつながっているかという問題」（同書ⅱ頁）である。筆者はこの問題を広く捉え、「『経哲草稿』の『疎外された労働』論が『資本論』のどの理論に繋がっているのか」と問題設定し、そして研究の結果、「疎外された労働」論は

『資本論』の「貨幣の資本への転化」論と資本蓄積論に発展していくという一つの結論に達した。また「人間」概念の扱いをめぐるマルクスの変遷を辿った本書の第八章と第九章の考察は、マルクスの思想形成史上におけるいわゆる「認識論上の断絶」（アルチュセール）と「主体概念の転換」（廣松渉）に関する問題の解決への糸口になるだろうと考える。

最後に本書の簡単な内容と読み方について少し述べておこう。序章と第一章および第二章は、マルクスのジャーナリスト時代の思想と『ヘーゲル国法論批判』から『独仏年誌』の二論文に至るまでの疎外論を辿ったものである。第三章以降は『経済学・哲学草稿』から『ドイツ・イデオロギー』までの疎外論の三つの相（労働疎外論、貨幣疎外論および人間的本質の疎外論）の展開と発展について論述するとともに、問題点を検討したものである。その際に『経哲草稿』の「疎外された労働」断片の最後に提起された問い――「どのようにして人間は自分の労働を外化し、疎外するようになるのか」と「どのようにしてこの疎外は、人間的発展の本質のうちに基礎付けられるのか」――の答えを後のマルクスの著作に追究するという形で議論を展開した。したがって、初期マルクスの疎外論が中期・後期マルクスにどのように発展していったかを本書を通じて読者は辿っていくことことができるし、そのような議論の道筋を意識して読んでいただきたい。その際、マルクスの思想形成過程を追究することができるように、「フォイエルバッハ・テーゼ」などについても必要な検討を行った。したがって、本書全体を通してマルクスの思想形成過程を知ることもできる。また他の研究者の見解については本文ではなく努めて主に注で触れておいたので、それも併せて読んでいただければありがたい。本書が読者にとってマルクスの疎外論を理解するための一助となれば幸いである。

凡例

一、マルクスの書いたものからの引用は、次の略記号を用いた。

・MEGA = Marx/Engels Gesamtausgabe（『経済学・哲学草稿』は城塚登・田中吉六訳の岩波文庫版、「J・ミル評註」は杉原二郎・重田晃一訳の未来社刊『経済学ノート』、『経済学批判要綱』は大月版『資本論草稿集1・2』、『直接的生産過程の諸結果』は岡崎次郎訳の大月文庫版の頁数を記した）。

・MEW = Marx/Engels Werke（大月版『マルクス・エンゲルス全集』の原本であり、巻数および原頁を示せば該当箇所がわかるので、邦訳版『全集』の巻数および頁数の記載は省略した）。

・DI = Marx-Engels Jahrbuch 2003, Die Deutche Idelogie, Akademie Verlag, 2004（服部文男訳の新日本出版社刊『[新版]ドイツ・イデオロギー』の頁数を記した）。

一、マルクスの原文の邦訳文は、必ずしも邦訳書として示した出典（『マルクス・エンゲルス全集』その他）のそれと同じではない。

一、引用文中の傍点（〇〇〇）は原著者によるものであり、本文および引用文中の傍点（〇〇〇）は長島によるものである。

一、訳語の原語を示す必要があると判断した場合には（　）内に記した。

一、本文および引用文中の〔　〕は長島による補足である。

目次

序章　観念論的思考から唯物論的思考へ

マルクスは一八四一年四月に『デモクリトスとエピクロスの自然哲学の差異』と題した学位請求論文をイエナ大学に提出して哲学博士の学位を取得し、この時から彼は思想家としての道を歩むこととなった。この当時の彼の思想的立場はヘーゲル左派の頭目だったブルーノ・バウアーの「自己意識」の哲学に基づく無神論であり、「イデアリスムス」を自己の哲学として掲げていた。その後、マルクスの哲学的立場は、宗教批判を主眼とするB・バウアーの無神論哲学から国家・法の批判に焦点を定めるアーノルド・ルーゲの国家論に軸足を移し始めた。そこでまずこうしたマルクスの足取りを概観してみよう。

マルクスは一八四一年四月に学位を取得した後、しばらくトリーアに戻り、同年七月に再びB・バウアーと会って、同年三月以来二人で計画していた『無神論アルヒーフ』の創刊の準備をしていた。しかし、この計画は実現せず、その代わりにB・バウアーが単独で『無神論者にして反キリスト教者たるヘーゲルについての最後の審判のラッパ』（一八四一年、以下『ラッパ』と略記）を同年十一月に出版した。この書物はヘーゲル批判を隠れ蓑にB・バウアーが実際には無神論者であることを主張するためのものだった。なお同書は匿名で出されたため、マルクスとの共著ではないかというわさも立てられた。その後、両人はキリスト教芸術に関する著書を共同で出版する計画を立てたが、翌年（一八四二年）の三月にマルクスの頼みの綱だったフォン・ウェストファーレン男爵が病気で亡くなったこともあり、計画は実現しなかった。そして同じ頃、B・バウアーが無神論の廉でボン大学を追放されたこともあり、マルクスは大学の教職に就くという望みを断念しなければならなくなった。二人の後ろ盾を一度に失ったマルクスはともかく他の道で生計を立てなければならなかった。

その頃、アーノルド・ルーゲは『ハレ年誌』を発行しつづけていたが、一八四〇年代になって政治論文を掲載するようになったために、年誌はプロイセンでの発行が禁止された（一八四一年）。そこで、彼はドレスデンに移り、『ドイツ年誌』を当地で発行した。収入がなくて困っていたマルクスは、一八四二年に一つの論文を添えてルーゲに手紙を送って、寄稿者として認めてもらうよう求めた。この論文は一八四一年に新たに発布された新しい検閲訓令に関するものであったが、それはマルクスのジャーナリストとしてのはじめての論文であった。ただしそれは『ドイツ年誌』には掲載されずに、スイスで発行されている『アネクドータ』誌に一八四三年に掲載された。

一方、ライン州でも新聞発刊の話が進んでいた。同州の中心地であるケルンにはすでに『ケルン新聞』が存在したが、それに対抗する新聞の発刊の準備が進んでいて、一八四〇年十月に『ライン一般新聞』が発刊された。ところが同紙は同年十二月で廃刊し、新年度から『ライン新聞』と名を変えて再出発した。この新聞の創刊者は、ゲオルク・ユングとすでに共産主義者となっていたモーゼス・ヘスであった。当初の編集長はB・バウアーの義弟のルーテンベルクだったが、彼の編集方針に批判的だったマルクス（彼は一八四二年四月から『ライン新聞』に寄稿しはじめ、すでに同誌の主たる寄稿者だった）は、大銀行家の息子で当時『ライン新聞』の実権を握っていたオッペンハイムに自分が編集長になることを求める手紙を送った。そしてこれがきっかけとなって、まもなくマルクスは同紙の編集長となった（一八四二年十月から一八四三年三月までの五ヶ月間）。ライン新聞に寄稿を始めて編集長に就任し、後に辞任するに至るまでにマルクスは、言論・出版の自由、木材窃盗取締法などをめぐるライン州議会の議論に接し、またブドウ栽培者の貧困の問題を批判的に検討するなかで、州議会の議論がそれを構成する市民社会の諸身分の利害の反映にすぎないことに気づかされた。そしてそのことが、彼に物質的利害の問題に目を向けさせ、「無産階級」の存在を知らしめることとなった。これをきっかけにマルクスは唯物論的な見解に傾き、国家から市民社会へ目を移さざるを得なかった。しかし、それでもマルクスのこの時期の基本的な思想は、「理性的なものは現実的なものである」とのヘーゲル法哲学の思想に立脚し、普遍的自由を実現する国家・法の理念に基づいて現実を批判し、その理念（ヘーゲル用語でいえば「人倫的自由」の理念）を現実の社会に実現することを目指す客観的観念論の域を超え出るものではなかった。ただし、マルクスはライン州議会の議論とその批判的検討を行うなかで、物質的利害の問題に接して当惑したことも確かである。また『ライン新聞』への寄稿文のなかで私的所有の否定を唱える共産主義思想が伝えられ、これを判断する理論的準備が自らにないことをもマルクスは正直に認めざるを得なかった。そしてちょうど『ライン新聞』の経営者が論調を和らげる姿勢を示したことを機に、編集長の地位を辞し、これまで自らが依拠していたヘーゲル法哲学の根本的な批判に本格的に取り組む決心をするのである。

次にこの時期に表明されたマルクスの言葉をもとに彼の思想的発展を辿っていくことにする。マルクスは『学位論文』のなかで自らの無神論的立場をプロメテウスの告白を引用して以下のように明確にした。曰く、「プロメテウスの告白、端的にいえば、すべての神々を私は憎む、この告白は哲学自身の告白であり、人間の自己意識を最高の神性とは認めないすべての天井および地上の神々にたいする哲学自身の宣言である。」(MEW, Erg-Bd. 1, S. 262) そしてマルクスはこのような無神論的な立場からB・バウアーの『無神論アルヒーフ』の発行計画に協力したが、結局それは実現しなかった。またB・バウアーの『ラッパ』の続編をマルクスが執筆するはずであったが、これも実現しなかった。そしてそうこうするうちに、マルクスはジャーナリストとして身を立てるべく、アーノルド・ルーゲと連絡を取り、『ドイツ年誌』に寄稿することを試みるようになった。それは実現しなかったが、ルーゲへの手紙（一八四二年四月二七日）によると、次の四つの論文を書く予定だったという。①「宗教芸術について」、②「ロマンティカーについて」、③「歴史法学派の哲学的宣言について」、④「積極的哲学者たち」。このうち「歴史法学派の哲学的宣言について」は一八四二年八月九日付けの『ライン新聞』に掲載された。また「宗教芸術について」はキリスト教の宗教芸術に関する論文であり、ここには宗教に関するマルクスの見解が述べられていたはずである。しかしこの論文は書かれたのかどうかも明確ではなく、原稿も残存していない。したがってマルクスの宗教論は論文の形では残っていないが、幸いルーゲ宛の手紙（一八四二年十一月三〇日）に宗教に関する彼の見解が明らかにされている。以下が関連する箇所の文言である。

「それから宗教のなかで政治的状態を批判するよりも、政治的状態の批判のなかで宗教を批判するよう、〔「自由人」を名乗るマイエン一味に〕要望しました。というのは、このような言い方のほうが新聞の本質や公衆の教養に合致しているし、また宗教はそれ自体無内容であり、天によってではなく地によって暮らしており、それが転倒した現実の理論である以上、その現実の解体とともにおのずから崩壊するからです。」（MEW, Bd. 27, S. 412）

この一節はB・バウアーを含むベルリンの「自由人」グループに向けられて書かれたものであり、ある意味ではB・バウアー批判とも解釈できる。つまり、彼は『ラッパ』以降は無神論の主張を披瀝することでキリスト教国家を批判するという手法をとっていたが、マルクスによれば、それは「宗教のなかで政治的状態を批判する」ことであるという。それにたいして、マルクスは、新聞の本質やそれを読む公衆の教養を考慮することの必要なジャーナリストとしては、「政治的状態のなかで宗教を批判する」ことの方が重要であると考えたわけである。それというのも、もともと宗教の根は地上にあるからであり、したがって、宗教は政治という地上の転倒した状態が解体すれば、それと同時に崩壊するものだからである。宗教に関するこのような認識があるからこそ、マルクスは政治の批判を行うべく、ジャーナリストとして論陣を張る決意をしたのである。B・バウアーとの決別も宗教批判に関するこうしたマルクスの見解に由来していると判断すべきである。

前述のように、マルクスは一八四一年に新たに発布された新しい検閲訓令に関する論文を同年一月に執筆していたが、それが掲載されたのは一八四三年に発行された『アネクドータ』においてであった。この論文の題目は「プロイセンの最新の検閲訓令に対する見解」というもので、筆者名の欄には「一ライン州人」と記されている。この論文の要旨はおよそ次のとおりである。

プロイセンにおいてはすでに一八一九年に検閲勅令が出されていたが、国王の交代により、新たに検閲訓令が出された。しかし、この訓令は、一般に考えられているように、出版の自由を緩和するものではなく、検閲のより強い権限を検閲官に与え、検閲官の主観で印刷文書の思想傾向を判断させ、それによってかえって検閲を強化するものとなっている。つまり、新訓令はいわば信念取締法であると言ってよい。したがって新しい検閲訓令は、以前の合理主義的精神に立脚した検閲勅令に比べて反自由主義の方向に向かっている。言い換えれば、新訓令は、検閲を客観的な規範に基づくものにするのではなく、検閲官の主観的な思いつきと恣意に左右されるものにするという意味では、検閲はより強化される可能性がある。

このような主張の背後にあるマルクスの批判的立場は、政治的には自由主義と人倫的国家の実現の立場であり、哲学的には理性に基づく人間の普遍的自由を求める立場である。こうした立場は、ヘーゲル法哲学の理性国家、人倫的国家の理念を継承・発展させたものであるといってよい。したがって、マルクスはジャーナリストとしてのデヴューをヘーゲル主義者として飾ったのである。ただし、フォイエルバッハの影響もすでに見られる。というのは、彼は出版物をフォイエルバッハの「類」概念と関連付け、「検閲官は一人の特殊な個人であるが、しかし出版物は類全体と補う関係にある」（MEW, Bd. 1, S. 16）と言明しているからである。そしてこれ以降は、マルクスに対するヘーゲルの影響よりもフォイエルバッハの影響の方が次第に強くなっていく。

次に『ライン新聞』にはじめて掲載されたマルクスの記事「出版の自由と州議会議事の公表とについての討論」の内容を検討する。マルクスによれば、出版とは諸個人が彼らの精神的存在を伝達するための普遍的な方法である。そしてどの国民も自分の精神を出版のうちに表明する。また出版とは人間的自由の実現であり、したがって出版のあるところに出版の自由がある。というのは自由は真に人間の本質だからである。ところが、第六回ライン州議会は、出版の自由に反対する決定を行った。採決の内訳は、王侯身分と騎士身分が原則反対であり、都市身分は営業の自由の一部分として出版の自由に賛成し、農民身分だけが原則賛成に回った。「こうして、第六回ライン州議会は、出版の自由に判決を下すことによって、自分自身に有罪の判決を下したのである。」（MEW, Bd. 1, S. 77）

ところで、マルクスは、出版法は、いや法は一般に、自由の積極的な現存在であるという。これを詳しく言えば、「法律は、積極的な、明快な、普遍的な規範であり、そのなかで、自由は、個々人の恣意から独立した、非人格的な、理論的な現存在を勝ち得ているのである。」（MEW, Bd. 1, S. 58）。したがって、出版法も出版に対する弾圧措置ではなく、むしろ出版の自由の法的な承認である。これに反して、検閲は、たとえ法律として存在しようとも、決して適法的ではない。マルクスは、このように法をそのなかで自由が顕現する規範であるとし、出版法を擁護する。ここまでは、マルクスはヘーゲル法哲学の枠から出ていない。ところが、マルクスはその前の箇所で「自由は、なんといっても、精神的現存在全体の、したがって、または出版の、類的本質ではないだろうか?」(MEW, Bd. 1, S. 54)と述べ、自由をフォイエルバッハの「類的本質」の概念から基礎付けている。またここかしこでフォイエルバッハに固有の「類(Gattung)」と「種(Art)」の概念を対概念として用いている。ただマルクスの大枠の理論はいまだ人倫的な自由と国家の実現とに存することは疑いない。そういう意味で、この記事においてもマルクスはヘーゲル主義者として国家優位の思想を展開していたと見做していいだろう。

マルクスは、一八四二年十月に『ライン新聞』の編集長に就任したが、そこで早速直面した問題は、主に副編集長のモーゼス・ヘスによって同紙で紹介されてきた共産主義思想をどう扱うべきかを明らかにすることであった。というのは、ライバル紙のアウグスブルク『一般新聞』が『ライン新聞』を共産主義思想に甘いと非難したからである。この非難に対して、マルクスは次のように共産主義思想に対して否定的な態度を明らかにした。

「『ライン新聞』は、今日の姿における共産主義思想に対しては、理論的な現実性さえ認めておらず、したがって、それの実践的な実現はなおさら願っておらず、あるいはこれを可能とさえ考えることができないのであるから、これらの思想に対して根本的な批判を加えるだろう。しかし、ルルー(Leroux)やコンシデラン(Considerant)の著書、とりわけプルードン(Proudhon)の明敏な労作のような著書は、そのときどきの皮相な思い付きによってではなく、長期にわたる、深遠な研究のあとではじめてこれを批判できるということは、アウグスブルグ嬢といえども、もし同紙が飾った空文句以上のものをもとめていたなら、またそれ以上のことを行う能力をもっていたなら、必ず悟ったはずである。」（MEW, Bd. 1, S. 108）

一八四二年時のマルクスの共産主義認識については、後の『経済学批判（Kritik der Politischen Ökonomie, 1959）』の「序言（Vorwort）」において次のように述べられている。

「他方では、『さらに前進しよう』という善良な意志が事実的知識よりもずっと重きをなしていたその当時には、フランスの社会主義および共産主義の淡く哲学めいて潤色された反響が『ライン新聞』においても聞かれるようになっていた。わたしはこの生半可に対して反対を表明したが、しかし同時に、アウグスブルクの『一般新聞』との一論争で、私のそれまでの研究では、フランスの諸思潮の内容自体について何らかの判断をあえてくだすことはできないことを、率直に認めた。」（MEW, Bd. 13, S. 8）

後者の引用文におけるマルクスの証言に基づくと、マルクスは正直なところは、フランスの社会主義・共産主義思想に対する何らかの評価ができるほどそれらの思潮に関する知識がなかったというのが実情ではないかと思われる。当時においてはフランス共産主義の文献が直接プロイセンに入ってきていたかどうかも不明であるが、少なくともドイツ語の文献では唯一、ローレンツ・フォン・シュタインの『今日のフランスにおける社会主義と共産主義』（一八四二年）がフランスの社会主義・共産主義思潮の内容を紹介していた。しかし、マルクスのこの論文〔20―21頁の前者の引用文を含む記事〕が掲載された時にシュタインのこの本が出版されていたかどうかは明確ではない。またフランス語ですでにフランス革命関連の文献やフランス社会主義・共産主義の文献の原本に接していたマルクスは、シュタインによる浅薄なヘーゲル国家論理解に基づいて書かれたフランス革命およびフランス社会主義・共産主義思想に関するこの要約的紹介文のヘーゲルかぶれに辟易し、それを参考に値しないと見做したかもしれない。どちらにせよ、考えてみれば、人間の自由の実現を国家と法の領域において構想していたマルクスにとって、共産主義思想が問題とする私的所有や私的利害関係の領域は未知の分野であるので、これらの思想について判断することができなかったというのは当然である。ただそのなかでも、プルードンの『所有とは何か』（一八四〇年）に関しては、おそらくマルクスは読んでいただろうと推察される。というのは、同書にはコンシデランやルルーの言葉が頻繁に引用されており[1]、また次の項で取り上げるマルクスの木材窃盗問題に関する記事の中で「あらゆる私有財産は窃盗ではないか?」(MEW, Bd. 1, S.113) というプルードンの中心思想を表わす言葉が使用されているからでもある。いずれにせよ、マルクスが共産主義に対する自己の立場を確立するには『パリ草稿 (Pariser Manuskripte, 1844)』の第三草稿まで待たなければならない。

ところで、『ライン新聞』は「木材取締法にかんする討論」と題した記事を一八四二年十月末から十一月初旬にかけて連載した。このマルクスによる連載記事は六回に及んだが、この討論の要旨をかいつまんでおくと、次のように纏められるだろう。

木材取締法は、従来では木材軽犯罪行為に分類されていた枯れ枝採集行為を木材窃盗行為というカテゴリーに分類して、こうした行為を木材取締法で罰することを意図している。同法を制定しようとした背景には、枯れ枝採集行為が当時急増していることが挙げられる。その原因を辿れば、プロイセンの工業化が進展して鉄鋼業が発展し、その結果、鉄を溶かす燃料として木材が必要となってきたことに行き着くだろう。そのために、入会地〔共有地〕が私有地に転化されて植林され、貧しい人は入会地で枯れ枝を拾って生計を立てるようになった。従来ではこうした行為は貧しい人の慣習的な行為として認められていた。しかし、工業化が進んでいくとともにこのような行為が急増したため、こうした行為を窃盗と見做して罰金を科す木材窃盗取締法が提案されたのである。

州議会では、したがって、まず木材軽犯罪を窃盗と見做すかを討議することになる。木材窃盗取締法に賛成する王侯身分の代表は、枯れ枝採集行為と鋸で生きた樹木を切る行為とを同列に扱い、両者を等しく窃盗行為として罰すると主張する。しかし、森林所有者の権利は生きた若木に及ぶだけであって、その若木から自然に切り離された枯れ枝には森林所有者の権利は及ばないと考えるのが普通である。というのは、落ちた枯れ枝は生きた樹木には属さないからである。したがって、枯れ枝を集める行為は窃盗ではない、とマルクスは主張する。

この問題をさらに追究すれば、若木から切り離された枯れ枝に対する森林所有者の権利を認めることは何によって可能になるか、と問わざるを得ない。答えは、枯れ枝に対する若木の権利を認めることによってでしかないであろう。こうした論理によって、もしこの若木の権利が認められるとするなら、結局、枯れ枝を集める貧民の権利は若木の権利に負けたことになるだろう。つまり若木という物に権利があることを認めることになるのである、とマルクスは考える。そこでマルクスはこの事態を次のように表現する。「木の偶像が勝利を収め、人間は敗れていけにえとなるのだ！」（MEW, Bd. 1, S.111）すなわちこれは偶像崇拝、物神崇拝ではないか、とマルクスは主張するのである。そしてこの連載記事は、マルクスの次の言葉で締めくくられる。「キューバの野蛮人がライン州身分議会に出席するとしたら、彼らは木材をライン州人の物神と考えるのではなかろうか？」（MEW, Bd. 1, S.147）つまり枯れ枝を採集する貧民の権利は、木材を物神化する森林所有者の権利によって圧殺されたのである。

ところで、この記事の中でマルクスははじめて「貧民階級（armen Klasse）」の存在に言及し、彼らの権利を擁護している。これに類した言葉を挙げれば、「貧乏人（Arme）」、「貧民（Armuth）」、「身分なきもの（Standeslosen）」などが用いられている。そしてマルクスは貧民の手へ慣習法または慣習的権利を返還することを要求している。さらにマルクスは言う。「われわれは、さらにすすんで、慣習法あるいは慣習上の権利というものは、その本性上、このような無産で、根源的な、最下層の大衆の権利以外ではありえないのだ、と主張したいのである。」（MEW, Bd. 1, S.115）そして特徴的なのは、マルクスが慣習法の権利を正当化するために、このような権利を理性的な権利であると主張していることである。それに対して、特権身分の人々の理性的権利は非理性的な越権行為であると規定している。こうしたマルクスの主張から、われわれは、マルクスが貧民の慣習的な権利を理性の要求を根拠に正当化していることを認めることができる。
この記事のもう一つの特徴は、（私的）利害を極めて否定的に捉えていることである。それは例えば次の文に典型的に表われている。

「利害は思考せず、打算する。だから利害の動機となるのは、そろばん勘定である。その動機とは、法の根拠を踏みにじろうとする動因にほかならない。」（MEW, Bd. 1, S.134）

このように利害は法とは敵対する領域であるという認識がマルクスに見られる。ただし利害という言葉でマルクスが念頭においているのは、森林所有者の金銭的利益の追求であって、貧民の利益はそれから除外されていると考えられる。しかし、それにしても木材取締法の審議で扱われている森林所有者の権利の世界は、マルクスにとっては「低劣な物質主義（*verworfene Materialismus*）、すなわち国民と人類との神聖な精神に反するこうした罪悪」（MEW, Bd. 1, S.147）の世界であって、「法と自由の世界（Die Welt des Rechts und der Freiheit）」（MEW, Bd. 1, S.141）とは正反対の領域としてしか映らない。したがって、マルクスは、次のように結論せざるを得ない。

「それ〔『プロイセン国家新聞』が立法者に授けた説教から直接出てくる帰結〕は、木材取締法ではただ木材と森林のことのみを考え、個々の物質的課題を政治的に解決してはならない、すなわち、それらの課題を国家理性と国家倫理の全体との関連から解決してはならないというので

ある。」(MEW, Bd. 1, S.147)

以上のマルクスの結論からわれわれは、マルクスが物質的利害の領域を「低劣な物質主義」の支配する世界としていまだ否定的に理解し、それに対して「国家理性と国家倫理」の支配する世界を人倫的な世界として捉え、前者に属する問題を後者の政治的な手法で解決する方向を唯一の正しい課題解決法と見做していたことを確認できる。つまり、まだこの時点においてもマルクスはヘーゲルの法哲学にいう「理性的なものは現実的なものである」という思想に基づいて現実に立ち向かっていたと言うことができるだろう。

次に年を越して「モーゼル通信員の弁護」と題した五本の記事（一八四三年一月）が連載された。これは『ライン新聞』に以前書いたマルクスの二つの記事に関するライン州知事フォン・シャッパーの訓令がマルクスに課した課題に対するマルクスの答弁書である。それは主にモーゼル河畔のブドウ栽培者の窮状を伝える新聞報道のあり方、すなわち出版の自由に関わる問題である。したがって、マルクスはここで改めて出版の自由について自己の主張を展開しているのである。マルクスはこの記事で論証するつもりである事柄の「第一に、一八四一年十二月二四日の閣令以前における出版の権限を全く度外視しても、モーゼル河沿岸の窮状の特有の性質から、自由な出版の必要性が必然的に生じるということ」(MEW, Bd. 1, S.177) を挙げる。マルクスは、この第一点について次のような見解を述べる。

「国家の状態を研究するに際しては、人はややもすると、諸関係の客観的本性（*Die sachliche Natur der Verhältnisse*）を見逃して、すべてを行為する諸個人の意志から証明しようとする。しかし、民間人の行為や個々の官庁の行為を規定し、あたかも呼吸の仕方のようにそれらの行為から独立している諸関係というものが存在する。最初からこの客観的立場に立つならば、善意または悪意を一方の面でも他方の面でも例外として前提とすることなく、一見して諸個人だけが作用しているように見えるところに〔客観的〕諸関係が作用しているのが見られるであろう。」（MEW, Bd. 1, S.177）

ここに突如として登場する「諸関係（Verhältnisse）」なる用語にわれわれは注目しなければならない。そしてそれが「客観的本性（sachliche Natur）」をもっていると言われる。しかもそれが諸個人の行為から独立して存在していると言われる。ここで「客観的」と訳した原語は sachliche であり、「物象的または事物的」とも訳される言葉であるので、「諸関係」は「物質的諸関係」であると理解しても大差はない。しかも、これらの「諸関係」は個々人の意志から独立していると主張されているのであるから、このような見解は、自己意識の自由を理念としてきた『学位論文』執筆当時のマルクスの哲学からの大きな転換であると言わなければならない。ただし、これをもってマルクスが唯物論に転換したなどと判断するのは早計である。しかし、それが唯物論への転換への第一歩を記したと解釈することは可能であろう。その証拠に、次の文言が示すように分析方法の点でも大きな転換が見られるのである。

「最後に、われわれは、現実の特殊な（*wirklich spezielle*）事情がモーゼルの状態の率直で公然たる論議を敵視して拒否していたということを示そう。ここでもわれわれは、まず第一にわれわれの叙述の主要な観点を強調し、そして行為する諸人格の意志のなかに一般的諸関係の力を再認識しなければならない。われわれは、モーゼルの状態の率直で公然たる論議を妨げていた特殊な事情のなかに、先に説明した一般的諸関係、すなわちモーゼル地方の行政の特有の（*eigentümlichen*）状態、日刊新聞や世論の一般的状態、最後に支配的な政治的精神とその制度の、実際の具体化と明白な現象以外のものを見てはならない。」（MEW, Bd. 1, S.195）

ここで傍点が付されて強調されている「特殊な（spezielle）」および「特有の（eigentümlichen）」という形容詞は、事物の一般的な性質ではなく他と区別されるその事物に「固有の」という意味を有している。また「現実の」および「実際の」という形容詞は、空想的・観念的ではなく、また想像上ではない「事実の」という意味を有している。したがって、以上の引用文でマルクスは「ある事実の固有の」特徴や種差を捉える分析論理の方向を提示していると考えられる。このような分析姿勢は、後の『ヘーゲル国法論批判（一八四三年）』ではじめてヘーゲルの分析方法に対置して提起された「独自な対象の独自な論理」（MEW, Bd. 1, S. 296）をつかむ方法を志向していたものと見做すことができるのではないだろうか。

その他にフォイエルバッハの影響を示している点が二箇所あるので示しておこう。

「国民的頭脳と市民的心臓とをもつこのような補足的要素が自由な出版である。」（MEW, Bd. 1, S. 189）

「出版は、知性として国民の状態と関係を持つが、同時に感情としても関係する。」（MEW, Bd. 1, S. 190）

「心臓」という言葉は、フォイエルバッハが『キリスト教の本質』（一八四一年）において宗教現象をたとえる比喩として用いている[2]。また「感情」はフォイエルバッハの唱える「人間」の中心にあるものである[3]。マルクスの主張する「自由な出版」が「市民的心臓」をその要素として持ち、「感情」として国民と関わることを必要とするに至ったことは、もっぱら人間の理性と知性に訴えるヘーゲル哲学からマルクスが脱却する哲学的傾向を示している証拠と言えよう。

これまでマルクスが約一年間に書いたジャーナリストとしての論文を分析してきたが、筆者はその間にマルクスの思考の仕方が観念論的思考から唯物論的思考へ次第に変わってきたと考える。それはその間に使用された中心思想を表わす言葉の使用法の推移を辿れば分かる。

初期の検閲訓令と出版の自由に関する論文では、「人倫的国家」や「理性的自由の実現」などヘーゲル哲学の概念がそのまま用いられている。また「意志の自由は人間の本質に属する」（MEW, Bd. 1, S. 33）とも言われている。さらに木材窃盗取締法に関する論文でも、私的利害の世界は「低劣な物質主義」が支配する「物神崇拝」の世界であると否定的に評価され、「木材や森林のことのみを考え、個々の物質的課題を政治的に、すなわち国家理性と国家倫理の全体との関係から解決」(MEW, Bd. 1, S. 147) することを求めている。つまりこの考え方は、市民社会に属する問題を政治的に、つまり国家理性の観点から解決することを主張する観念論的な立場である。ところが、「モーゼル通信員の弁護」では、意志の自由から独立した「客観的〔物象的〕諸関係」の作用を確認することが求められている。これは当初意志の自由を人倫的自由の理念と同一視した観念論的な思考から唯物論的な思考への転換の一歩を記すものであると見做してよいだろう。また一方で、「国土のために行政が存在するのであって、行政のために国土が存在するのではないということ」(MEW, Bd. 1, S. 188) という言葉が見られる。このような見方は、国土という物質的存在を政治の前提であると捉えており、この点では前述の、市民社会における問題を政治的に国家理性の観点からアプローチするという観念論的な思考とは正反対の唯物論的な思考であると言ってよいだろう。こうして、まだ確かに唯物論の立場に立つことの明確な表明は行われていないけれども、実質上は国家に対して市民社会を優位に置く唯物論的な思考への転換に第一歩が踏み出されたと見做しても過言ではないだろう。

注

(1) Cf. Michael Löwy, *The Theory of Revolution in the Young Marx*, Brill Academic Publishers, 2003, p. 31, ミシェル・ロヴィ／山内昶訳『若きマルクスの革命理論』(福村出版、一九七四年) 六四～六五頁を参照。

（2）　Vgl. Feuerbach, *Das Wesen des Christentums*, Reclam Stuttgart, 1974, S. 78, フォイエルバッハ／船山信一訳『キリスト教の本質』（岩波文庫）一〇〇頁を参照。

（3）　フォイエルバッハは、次のように述べている。「感情は宗教の本質的な機関であるというようなことがいわれるのは、神の本質は感情の本質以外の何者をも表現していないということを意味しているのである。」(ebenda, S. 48, 前掲邦訳六一頁)

第一章　政治的疎外論——『ヘーゲル国法論批判』

第一節　ヘーゲル批判

はじめに

すでに『ライン新聞』の編集長時代に『キリスト教の本質』を通じてフォイエルバッハから一定の影響を受け、唯物論的思考への転換に一歩踏み出していたマルクスは、ルーゲから送られてきた一八四三年の『アネクドータ』誌に掲載されているフォイエルバッハの『哲学改革のための暫定的提言』（一八四三年）（以下『提言』と略記）と『キリスト教の本質』の第二版（一八四三年二月）の序文を読んで、そこにヘーゲル批判の根底的な立脚点と原理を発見して感激し、すぐさまヘーゲル『法哲学』の「批判的検討」に取りかかった。（なお一八四三年三月五日付けのルーゲ宛の手紙[1]によると、マルクスは一八四三年にヘーゲル法哲学の批判に着手する一年前にすでに「ヘーゲル哲学の基礎を批判しようという意図をもっていた[2]」ことに注意されたい。）この作業の結果は、現在では、未完の草稿『ヘーゲル国法論批判』（一八四三年執筆。以下『国法論批判』と略記）として知られており、『法哲学』の「国内法」のほとんど（§261～§323）の逐条的な批判が残されている。

したがって、それは実質上ヘーゲルの国家論の批判であると見做してよい。

一　フォイエルバッハの宗教疎外論と人間学的唯物論

マルクスが『国法論批判』の原理とした哲学は、先に示したようにフォイエルバッハの哲学であった。それは、第一には、『キリスト教の本質』で展開された現実的人間主義と宗教疎外論であり、第二には、『提言』ではじめて明確に提示された人間学的唯物論である。そこで、まずはじめにフォイエルバッハのこれらの二つの思想の概要を確認しておこう。

フォイエルバッハの現実的人間主義と宗教疎外論は「神学の秘密は人間学である」[3]という命題に集約される。すなわち、人間は動物とは違って自己の類（Gattung）を意識することができる。人間はこのような類的本質（Gattungswesen）を自己の本質としている。具体的には、人間は類として無限性、完全性および全能性などの性質を備えており、理性、心情や愛を自己の本質としている。そして人は人間本来の姿である類的共同性を実現しなければならない。これが現実的人間主義である。しかし、現実にはこの共同体が実現されていないために、無限性、完全性および全能性などが彼岸的世界に存在する神の属性とされて、この神を人は崇拝している。これが宗教、なかでもキリスト教である。けれども、実際にはこれらの属性はもともと人間の本質であり、それらが有限な個人から区別されて独立した存在者としての神に対象化されたものにほかならない。この結果、人間にもともと類的本質として属していたものが人間から独立して逆に人間から疎外されて人間を支配するという自己疎外が発生したのである。しかし、現実的人間主義によって、この宗教の秘密を明かし、神の属性はもともと人間の属性であることを認識し、前者を後者に還元すれば宗教は解消され消滅し、そしてそれに代わって我と汝の間に真の現実的な人間愛が生まれる。これがフォイエルバッハのいう宗教的疎外論である。

第二に、人間学的唯物論は、「思弁哲学の秘密は、しかし、神学――思弁的な神学である(4)」という命題から出発する。すなわち、宗教的疎外においては有限な個人が神を知り考えるが、ヘーゲルの思弁哲学では、神が自己を知り考える。それは神の自己認識である。しかし、神を知る主体が個人から神自身に変わっても、それが宗教的疎外の一種であることに変りはない。このように思弁哲学においては、神が自己を知る限りでは、主体としての個人は全く抽象されて人間の外部にある論理的な抽象物にすぎない観念に転化されている。人間の働きを思考の働きに還元するこのような抽象作用は、宗教的疎外とは違うもう一つの疎外である。この疎外により、思弁哲学は哲学的命題において本来の主語であるべき「存在」を述語にし、述語であるべき「思惟規定」、つまり概念・理念を自立化させて主語にするという転倒を犯している。しかし、こうした自己疎外から脱するには、観念論的に転倒された主語＝述語の関係を再び転倒して正常な状態に戻しさえすればよい。そのためには、現実的存在である自然と人間を哲学の出発点に据えなければならない。こうして打ち立てられた哲学こそ現実的人間を土台におく人間学的唯物論にほかならない。

二　ヘーゲル批判とマルクスの唯物論的方法

まずはじめに、マルクスがフォイエルバッハの唯物論の原理を武器にヘーゲル批判にどのように立ち向かったかを見てみよう。ヘーゲルの方法に対するマルクスの批判は、まず最初に本来の主語を述語にし、述語を主語にするヘーゲルの観念論的転倒に向けられる。マルクスは述べる。

「理念は主体化され、そして国家に対する家族と市民社会の現実的な関係は理念の内的な、想像上のはたらきと解される。家族と市民社会は国家の前提であり、それらはもともとアクティブなものなのであるが、思弁の中であべこべにされる。ところが理念が主体化されると、その場合には、現実的な諸主体であるところの市民社会、家族、『境遇とか個人的自由とか等々』は理念の、非現実的な、他のもの〔ヘーゲル用語では「他在」〕を意味する、客体的な諸契機となる。」（MEW, Bd. 1, S. 206）

「重要なのは、ヘーゲルがどこででも理念を主体にし、そして『政治的意向』のような本来の現実的主体を述語にするということである。ところが展開はいつでも述語の面で行われる。」（MEW, Bd. 1, S.209）

ここから確認されるように、本来は現実的でアクティブな存在が真の主体であり、したがってそれが主語であり、それを表わす概念や理念が述語であるべきであるのに、ヘーゲルでは現実的なこの関係が転倒されて、自立させられた抽象物である理念・概念が主語となり、現実的な存在は非現実的な理念の客体的契機にされて、述語となる。理念・概念は抽象物であるから内容はないので、当然のことながら体系の展開は具体的存在である述語の側でなされることになる。例えば、法哲学の客観的精神の第三部「人倫」では、人倫はあくまで理念、精神であり、主体とされるが、それは最初は無内容な形式であり、その内容は外の現実的世界からこっそり取ってこざるを得ず、そうして述語となったのが家族、市民社会、国家なのである。体系の展開が述語でなされるのは、主語が無内容な形式なので、展開の仕様がないからである。

再びマルクスの言葉を借りれば、こうである。

「具体的内容、現実的規定は形式的なものとして現われ、全く抽象的な形式規定が具体的内容として現われる。……法哲学ではなくて論理学が真の関心事なのである。……事柄の論理ではなく、論理の事柄が哲学的な契機である。論理が国家の証明に用いられるのではなく、国家が論理の証明に用いられる。」（MEW, Bd. 1, S. 216）

「ヘーゲルは実在的なエンス〔存在するもの〕（ヒュポケイメノン、主体）から出発するかわりに、普遍的規定である諸述語から出発するのであるが、それでもどうしてもこの規定の担い手というものが存在しなければならないからこそ、神秘的な理念がこの担い手となるのである。これは二元論である〔なぜなら、理念が普遍的な規定の担い手となるので、現実的なエンスである諸述語と並んで自立化した存在となるから—引用者〕。すなわち、ヘーゲルは普遍的なものを現実的に有限なもの、つまり現存するもの、規定されてあるもの、の現実的本質として観ることをしない、換言すれば、現実的なエンスを無限なものの真の主体として観ることをしないのである。」

（MEW, Bd. 1, S. 224–225）

このような転倒した論理をマルクスは「論理的汎神論的神秘主義」（MEW, Bd. 1, S. 206）と呼んでいる。そしてそれが無批判的であることをマルクスは次の言葉で指摘する。

「ヘーゲルが咎められるべきなのは、彼が現代国家のあり方をあるがままに描くからではなくて、現にある姿を国家というものの在り方だと称するからである。」（MEW, Bd. 1, S. 266）

「ご覧のとおり経験的現実があるがままに受け入れられ、この現実がまた理性的だとも称されるのである。」（MEW, Bd.1, SS. 207-208）

これこそ『経哲草稿』でマルクスが、「ヘーゲルのいつわりの実証主義の、あるいは彼の見かけだけの批判主義の根源」（MEGA, I/2, S. 411,『経済学・哲学草稿』二一二頁）と呼んだものと同じものである。

それでは、以上のようなヘーゲル批判の根底にあったマルクスの唯物論的な立場はどういうものか。それはすでに引用したマルクスの言葉の中に示されている。以下、これを取り出してみる。

①「家族と市民社会は国家の前提であり、それらは元々アクティブなものなのである。」
②「現実的な諸主体であるところの市民社会、家族、『境遇とか個人的自由とか等々』」
③「『政治的意向』のような本来の現実的主体」

④「実在的なエンス〔存在するもの〕（ヒュポケイメノン、主体）から発足する。」

⑤「現実的に有限なもの、つまり現存するもの、規定されてあるもの……換言すれば、現実的なエンスを無限なものの真の主体と観る。」

ここには現実的な主体を市民社会と家族とし、それらが国家の前提であるとする立場が明確にされているが、これはフォイエルバッハの唯物論を人間の政治・社会の領域に押し広げ、適用したものである。また現実的に有限なものを真の主体と見る観点にもフォイエルバッハの唯物論の影響が見られる。

さらにこのような唯物論的見方は、次のマルクスの言葉の中に積極的に表明されている。

「家族と市民社会は国家の現実的な部分、意志の現実的、精神的実存態（Existenzen）であり、両者は国家の現存様式（Daseinsweisen）である。家族と市民社会はそれ自身を国家と作す（machen *sich selbst zum* Staat）。それらは他を推し動かす原動力である。」（MEW, Bd. 1, S. 207）「政治的国家は家族という自然的土台と市民社会という人工的土台（künstliche Basis）なしにはありえないということであり、それらは国家にとって一つの欠くべからざる条件なのである。」（ebenda）

見られるように、①マルクスは家族と市民社会は国家を作る現実的な部分であるとし、それらを国家を動かす原動力と見做している。さらに②家族は国家の自然的土台であり、市民社会はそれの人工的土台であり、さらに国家はそれらなしにはありえないという意味で、それらは政治的国家が存在するための条件であると考えている。こうした見方はまだ唯物論的歴史観そのものを表わしてはいないが、市民社会を国家の土台と見做している点では、のちの土台・上部構造論の原型ないしはそれにつながる萌芽的観点であると判断してよいだろう(5)。

さらにヘーゲルに対するマルクスの批判はその観念論的転倒の指摘だけに限られない。それはヘーゲルの観念論に由来する論理的分析の方法にも及ぶ。例えば、マルクスは次のように書いている。

「ところが、ここでは、己がその種区分へ己を展開するところの理念のことが主語として云々される。主語と述語のこの転倒のほかにあたかもここでは有機組織ならぬ何か他の理念のことが論じられてでもいるかのような外見が作り出される。……わたしが『この有機組織（すなわち国家という有機組織、政治的体制）は理念の、それのもろもろの区分等への展開である』と言ってみたところで、わたしはまだ政治的体制のスペシフィックな理念については全然何も知らない。この同じ命題を政治的有機体についてと同じ真理性をもって動物的有機組織について言うことができる。それでは動物的有機組織は何によって政治的有機組織と区別されるのか？　この一般的規定からはそれは出てこない。説明であっても、しかし種差（Differentia specifica）を挙げないような説明は何ら説明ではない。唯一の関心事は、国家の場であろうと、自然の場であろうと、どのような場であれ、ずばりただ『理念』そのもの、『論理的理念』を見つけ出すことにあるのであって、ここでの『政治体制』のような現実的な主語は理念の単なる名前にすぎなくなるのであるから、いかにも現実的な認識が行われてでもいるかのような外見が存するだけである。現実的なもろもろの主語は把握されていない規定であり、どこまでもそのような規定であるに留まる。なぜなら、それらはそれらのスペシフィックな在り方において把握されているのではないからである。」（MEW, Bd. 1, SS. 210–211）

マルクスの言わんとするところは、ヘーゲルの法哲学には、主語と述語の転倒という誤りのほかに、具体的特殊的存在の種差を把握しないという偽りの現実認識を行うという欠陥があるということである。引用文中の「スペシフィック（spezifischen）」という言葉は「種差のある特定の」という意味の英語である specific と同様の意味を表わすが、ここではそれは重要な意味を持つキー概念である。というのは、ヘーゲルは主語である理念が「有機組織」であると規定しても、それは政治的有機組織にも動物的有機組織にも当てはまり、何ら特定の、すなわちスペシフィックな規定ではなく、したがって、それだけでは具体的な存在の他とは異なる種差を認識したことにはならないからである。このことをマルクスは後の箇所で次のように改めて指摘しなおし、自らの論理的分析方法について語っている。

「そういうわけで今日の国家制度の真に哲学的批判はもろもろの矛盾を存立するものとしてた

だ指摘するだけでなく、それらの矛盾を解明し、それらの生成、それらの必然性を概念的に把握する。それはもろもろの矛盾をそれらの独自の意義においてつかむ。しかしながらこの概念的把握はヘーゲルの考えるように、論理的理念の諸規定をいたるところに再認するところにあるのではなくて、独自な対象の独自な論理をつかむところにあるのである。」(MEW, Bd. 1, S. 296)

マルクスにとっては矛盾があることをただ指摘するのではなく、その矛盾を解明することが肝心なのである。矛盾があるのを指摘することは、ヘーゲルでは次のような理念の生成過程で行われる。それは理念の生成を学の体系として示す過程、すなわち抽象的論理的理念〔論理学〕が自然に外化し〔自然哲学〕、そして外化を止揚して精神に達して〔精神哲学〕、理念が現実的な理念、具体的普遍となる理念の生成史を描く過程である。その過程で外化された現実の世界に矛盾の存することを指摘し、そしてその矛盾を理念に解消する。だから現実世界に矛盾のあることは指摘されるが、その矛盾がそれが存在する現実の対象において解消されるのではなく理念において解消されてしまう。したがって、ヘーゲルの哲学では「もろもろの矛盾をそれらの独自の意義においてつかむ」ことができない。

これに対してマルクスは、「それら〔国家制度〕の生成、それらの必然性」と「独自な対象の独自な論理をつかむ」現実的な概念的把握を対置した。すなわち、ヘーゲルのいう生成は理念の生成であり、それでは現実の対象〔例えば、国家制度〕の生成とその必然性は把握することができないので、それらを把握するには、独自な対象に沈潜し、それの矛盾を解消する独自の論理をつかむ必要がある。

また次のマルクスのヘーゲルによる矛盾の把握の仕方に対する批判も同様な観点からである。

「ヘーゲルの主な誤りは、現象の矛盾を本質における、理念における、一体性と解するところにある。ところが、例えば、ここでは立法権のそれ自身のうちでの矛盾は政治的国家の、したがってまた市民社会の、自己自身との矛盾にほかならないように、そのような矛盾〔現象の矛盾〕は確かに或るもっと深いもの、つまり或る本質的な矛盾をその本質にもっているのである。」（MEW, Bd. 1, SS. 295–296）

この言葉でマルクスの言わんとすることは、前述のようにヘーゲル哲学は《本質〔理念〕―現象〔現実〕》という対立図式に基づいているので、対象を捉えるといっても、固有の対象、例えば近代のイギリスの市民社会をではなく一般的な対象、すなわち市民社会一般を捉えるので、それを理念〔人倫〕の喪失体と見做して、つまり矛盾あるものと見做して、それを国家という人倫的理念に止揚して矛盾を解消させるのである。しかし、マルクスによれば、矛盾はもっと深いところにある。そしてその矛盾は市民社会の自己自身との矛盾であるとマルクスが言う真意は、歴史的・地理的に特定の市民社会の内部にそれ独特で固有の矛盾があるということである。これが対象分析の唯物論的な方法であり論理である。

確かに、ヘーゲルの学の体系においては、現実の世界が含まれ、対象として扱われているが、それは理念の外化された結果として、主語たる理念の述語として体系の内容をなしているだけである。したがって、哲学体系で扱われている世界は、ただ理念の内容として取り上げられればいいので、国家ならヘーゲルの時代の現実の国家〔プロイセン国家〕が国家として学の体系に取り入れられる。そうなれば、プロイセン国家が唯一の国家であり、国家一般または国家の代表であり、それ以外の国家は国家としてはヘーゲルの眼中には入らず、したがって存在しないことになる。それゆえアダム・スミスがイギリスの市民社会をそれ以外にありえない自然的な経済形態と見做したように、国家としてはプロイセン国家は現実のものとしては国家の自然的な形態、つまり理性的な国家と見做されのである。マルクスが前述のように、「ヘーゲルが咎められるべきなのは、彼が現代国家のあり方をあるがままに描くからではなくて、現にある姿を国家というものの在り方だと称するからである」（MEW, Bd. 1, S. 266）と言うのは、以上のことを指している。

ではヘーゲルが学の体系として示した論理は何かといえば、それは、理念を「生成して現実的になる理念〔そういう意味では、ヘーゲルの学の体系は循環的性格をもつ〕」としてつかむことにより、現実世界の各領域を理念の内容として生成の論理で互いに連関するものとして関連付ける論理である。それによって哲学は全一的かつ百科全書的な世界観に纏め上げられるのであり、これがヘーゲル哲学の成果なのである。しかし、この体系では理念は現実にやっと達しただけであり、肝心なことはフォイエルバッハの言うように、現実的存在から出発すること、そして現実に入り込み、多様な現実世界とそれらの現実世界の生成の歴史をつかむことである。これがマルクスの言う「独自な対象の独自な論理をつかむ」現実的な概念的把握なのである。

これらの二つの哲学的な転換、すなわちマルクスが唯物論を政治や社会に押し広げて適用したこと、ヘーゲルの方法としての弁証法論理を克服して唯物論的な分析の方法と論理を見出したこと、そして後述の二元論を止揚する哲学的立場の確立は、「哲学革命[6]」の始まりであると言えよう。

第二節　国家と市民社会の分離―政治的疎外論

はじめに

これまでの叙述を見れば、国家と市民社会が『国法論批判』で重要な概念として扱われていることが分かるだろう。周知のように、ヘーゲル法哲学の人倫の部は《家族―市民社会―国家》のトリアーデで構成される。そのうち市民社会は論理的には家族を前提し、それの止揚として生じる領域である。それは、一方で、人間が原子論的に分裂しているとともに諸個人が身分に構成されてもいる欲望の体系〔個別性の原理を表わす〕であり、他方で、分業と商品交換によって諸個人が形成している全面的依存の体系〔普遍性の原理を表わす〕でもある。ヘーゲル法哲学は、この人倫の喪失態である分裂の体系としての市民社会を、その分裂ゆえに国家へと止揚せざるをえない必然性を有すると見做す。その過程を提示するのが市民社会論である。マルクスは『国法論批判』のなかでヘーゲルの市民社会論の批判については後で展開する旨を述べているが、それに関連する草稿は無いかあっても今のところ見つかっていない。[7] それを理由にマルクスはヘーゲルの市民社会論を理解していないという「論証」を提示した議論も一部には出ている。[8] また同様の議論のなかには全く根拠のない謬論も存在する。[9] もしこのような主張が横行するならば、マルクスの『国法論批判』を研究して初期のマルクスのヘーゲル批判の方法からわれわれが学ぶ意味がないことになる。したがって、本来はここで節を改めて、これらの謬論を本格的に論駁すべきであるが、紙幅の都合で注の欄で最低限必要な反駁を行った。

一　国家と市民社会の分離

マルクスによれば、ヘーゲルは市民社会と国家の分離から出発しているという。すなわち、「彼〔ヘーゲル〕は、市民社会と政治的国家の分離（現代的状態）を前提して、それを理念の必然的契機として、絶対的な理性真理（Vernunftwahrheit）として、展開した。」（MEW, Bd. 1, S. 277）この市民社会と国家の分離は「現代的状態」であるが、「中世においては国民生活と国家生活は同一である。……抽象的な、反省的な対立は現代世界にはじめて属する。」（MEW, Bd. 1, S. 233）そしてフランス革命が市民社会と政治的国家の分離を完成させた。「フランス革命がはじめて政治的諸身分の社会的諸身分への転化をやりとげた。言い換えれば、市民社会のもろもろの身分の区別をたんに社会的というだけの区別、すなわち政治的生活のなかでは意味のない私生活上の区別にしたのである。政治的生活と市民社会の分離はこれでもって完了していたのである。」

（MEW, Bd. 1, S. 284）したがって、ヘーゲルは、フランス革命によって完了した市民社会と政治的国家の分離という「現代的状態」をその哲学の前提としているのである。

しかし、ヘーゲルはこの分離を望まない。つまり「彼〔ヘーゲル〕は国家の内部において国家の一体性（Einheit）が表現されていることを望んでいるのである。」（MEW, Bd. 1, S. 277）しかし、マルクスによれば、「ヘーゲルにおける比較的深いところは、彼が市民社会と政治的社会の分離を一つの矛盾と感じている点にある。」ただし、マルクスは続けて言う。「しかし、誤りはこの〔＝矛盾の〕解消の見かけに満足して、これ〔＝見かけ〕を〔矛盾の解消という〕事柄そのものと称するところにある。」（MEW, Bd. 1, S. 279）このヘーゲルにおける矛盾の解消に関する誤りは、例えば、議会の扱いに関するヘーゲルの論理に現われている。ヘーゲルにおいて「真の対立物は君主と市民社会である。」（MEW, Bd. 1, S. 288）そして「議会は統治権と協同して君主制的原理と国民との間の中間者〔媒介者〕をなす。」（MEW, Bd. 1, S. 287）または「議会は国家と市民社会との間の総合である。」（MEW, Bd. 1, S. 270）しかし、マルクスによれば、「中間者である立法権は、すなわち君主的原理と市民社会、経験的単個性と経験的普遍性、主語と述語、これらの両極端の混ぜ合わせ物（*Mixtum Compositum*）である。ヘーゲルは総じて結びを中間者と解し、混ぜ合わせ物と見做す。ヘーゲル体系のまったき超越性とまやかしの二元論は彼の理性推論〔理性的な結び〕の展開のうちに表われてくると言える。中間者〔媒介者〕は木製の鉄であり、普遍性と単個性との対立のずるい揉み消しである。」（MEW, Bd. 1, S. 288）このように市民社会と政治的国家の矛盾の解消としての媒介者〔議会〕は、マルクスによれば、「木製の鉄」のような不合理な「混ぜ合わせ物」であり、したがって両者の矛盾と対立は媒介されていないという。

市民社会と国家の分離のもう一つの問題は、どちらがどちらから分離したのかという問題である。これに関しては、マルクスはこう言っている。「政治的国家は市民社会から分離した存在（Existenz）である。」（MEW, Bd. 1, SS. 324-325）あるいは「市民社会と政治的国家の分離は必然的に政治的市民、公民（Staatsburger）の市民社会からの、彼固有の現実的経験的現実性からの分離としてあらわれる。」（MEW, Bd. 1, S. 281）すなわち、現実的なのは市民社会なのであって国家はそれから分離したのである。したがって、「現実的人間は今日の国家体制の私的人間（*Privatmensch*）である。」（MEW, Bd. 1, S. 285）ここではもちろん、ルソーに従って公民（シトワイヤン）は政治的社会に属し、現実的経験的個人としての私人［ブルジョア］は市民社会に属すると考えられている。そして人間の公民と私人への二重化が近代市民社会における解決すべき根本問題であり、マルクスは『独仏年誌』の「ユダヤ人問題によせて」においてこの問題の解決を図るのである。

二　政治的疎外論

またこの市民社会と国家の分離の問題から、市民社会が国家を規定するのか、それともその逆なのか、という問題が生じる。たしかに「彼〔ヘーゲル〕が願っているのは、政治的国家という『即自かつ対自的に普遍的なもの』が市民社会によって規定されるのではなく、かえって逆に市民社会を規定することである。」（MEW, Bd. 1, S. 295）しかし、そうしたヘーゲルの願いは、「政治的国家は規定される側なのに、規定する側だと思い込む幻想」（MEW, Bd. 1, S. 305）にすぎない、とマルクスは批判する。ここには、市民社会が国家を規定するという後の唯物論的歴史観の土台・上部構造論につながる重要な論点がすでに暗示されている。他方で、「政治的体制はこれまで国民生活の宗教圏、宗教だったのであり、国民生活の現実性の地上的現存在に相対する国民生活の普遍性の天国であった」（MEW, Bd. 1, S. 233）ことが明らかにされ、国家や政治が、宗教と同様に市民社会における国民の現実的生活の疎外の結果生じた転倒した観念的な世界であるという認識がここには見られる。つまり「政治的国家」は地上の世界の天空に聳える「彼岸的現存在」であり、そうしたものとして「疎外」の「肯定態（Affirmative）」にほかならないのである（ebenda）。ここに見られるように、政治的体制、国家体制は現実的、地上的な国民生活に対しては、宗教と同様に彼岸的存在、「普遍性の天国」であり、国家の存在は政治的疎外の一現象にすぎない。そしてこのような存在として、国家は、国民生活の地上的世界たる市民社会において止揚せざるを得ないのである。これが市民社会からの政治的国家の分離の克服を展望するマルクスの政治的疎外の論理にほかならない。このように「政治圏域でのこのような脱神秘化によって、一八四三年にすでにマルクスはルーゲを乗り越えていたのであり、もはや社会問題（貧困など）の《真理》として国家を頼りにする――『ライン新聞』の諸論文では彼はまだこの立場に立っていた――ことをやめて、現実の民衆、社会生活の方にもっぱら視線を注いだのであった。こうして、マルクスは、《社会的なもの》の方が《政治的なもの》よりも優越していることをまさに基本思想（*leitmotiv*）とする、ヘスのような共産主義の立場に極めて近い立場を取るようになり、このテーゼをやがて『独仏年誌』において擁護するまでになったのである。[10]」

第三節　真の民主制論

市民社会と政治的国家との分離は、ヘーゲルにあっては立法権による媒介によって克服されるはずであったが、マルクスの言うようにその媒介者は「木製の鉄」と形容されるような不合理な「混ぜ合わせ物」でしかなかった。マルクスにおいては、これら両者の分離の克服と政治的疎外の止揚は、「真の民主制（wahren Demokratie）」（MEW, Bd. 1, S. 232）でなされる。以下、マルクスのいう民主制とは何かに関する記述を提示し、その内容を検討する。

「民主制は君主制の真理であり、君主制は民主制の真理ではない。……民主制においては諸契機のどれ一つといえども、それに帰属する以外の意義を持つに至ることはない。一つ一つが現実的に全人民（Demos）の契機であるにすぎない。……民主制は体制の類（Verfassungsgattung）である。君主制は一つの種、しかも不良種である。民主制は内容と形式である。君主制はただの形式にすぎないとされるが、しかしそれは内容を改ざんする。」（MEW, Bd. 1, SS. 230-31）

ここで民主制の契機は全人民の契機であるということは、民主制は全人民の体制であることを意味する。国家体制の基礎に人民が据えられていることが民主主義の原理である。これはヘーゲルにおいて君主制が人民を支配する体制であることに対する真逆の発想である。民主性が体制の種ではなく類であるということは、民主制は国家体制、政治的体制であるけれども、爾余の国家体制のすべてを凌駕する体制であることを意味する。

「われわれは君主制において体制の国民をもち、民主制において国民の体制をもつ。民主制はあらゆる体制の謎の解かれたものである。ここでは体制はたんに即自的、本質的にのみならず、また現存的、現実的にもそれの現実的根拠である現実的な人間、現実的国民のなかへつねに連れ戻されていて人間自身、国民自身の所業（*Werk*）として定立されている。体制は人間の自由の産物というそれ本来のあり方において現われる。……民主制の種差は、ここでは体制は総じてただ国民の一つの現存契機であるにすぎず、政治的体制がそれだけで独立に国家をなすわけではないところにある。」（MEW, Bd. 1, S. 231）

民主制は現実的な国民、現実的な人間を唯一の現実的な根拠として成り立つ体制である。現実的な人間とは、フォイエルバッハの人間であり、市民社会に生きる人間である。民主制はここでは政治的体制であっても、独立の国家をなすものではなく、体制であるといってもそれは国民の一契機であるにすぎない。それでは民主制は国家体制であるのか。マルクスによれば、政治的体制がそれだけで独立の国家体制でないところに民主制の種差があるという。つまり民主制は国家体制ではないというのがマルクスの主張である

「ヘーゲルは国家から出発して、人間を主体化された国家たらしめ、民主制は人間から出発して、国家を客体化された人間たらしめる。宗教が人間を創るのではなくて、人間が宗教を創るように、体制が国民を創るのではなくて、国民が体制を創る。……民主制はあらゆる国家体制の本質、社会化された人間が一つの特殊な国家体制としてあるあり方であり、それと爾余の国家体制との間柄は、類とそれのもろもろの種との間柄のようなものである。」(MEW, Bd. 1, S. 231)

ヘーゲルは国家から出発するのに対して、マルクスは人間から出発する。ここではマルクスはフォイエルバッハの現実的人間主義を国家社会の領域に適用しているだけである。そして体制を宗教になぞらえて、体制は宗教と同様に国民が創るものであると主張する。マルクスに独自な規定は、民主制をあらゆる国家体制の本質として、「社会化された人間のあり方」としての一つの特殊な国家体制であるとした点である。ここでは社会化された人間と一つの特殊な国家体制とは一応別物であるかぎり、民主制は社会化された人間のあり方であるにしても、一つの特殊な国家体制であるには変わりはない。いずれにしても、ここでは民主制は国民によって創られ、したがって国民を基礎とする国家体制であることが確認されている。

「民主制においては国家は特殊なものとしてはただ単に特殊的なものであるにすぎず、普遍的なものとしては現実的な普遍的なものである。ということは、他の内容と区別されてあるようないかなる被規定性であるのでもないということである。近代のフランス人たちはこのことを、真の民主制においては政治的国家は没落する（*untergehe*）というように理解した。これは政治的国家は政治的国家としては、体制としては、もはや全体的なものとして通用しないという点で正しい。」（MEW, Bd. 1, S. 232）

しかし、以上のように、フランス人たちの理解では、民主制においては国家が他の内容と区別されてあるようないかなる被規定性でもないということを政治的国家は没落すると理解したとされ、マルクスも社会化された人間のあり方としての一つの特殊な政治的国家は政治的国家としては通用しないと断言している。なおここで言及されたフランス人たちのなかには、ルソーだけでなく、民主主義の観点から国家（＝執行権）の廃止を唱えているテオドール・デザミを挙げることができる。[11] さらに、『所有とは何か』の結論で政府の消滅を主張しているプルードンも含まれていることは確かであろう（マルクスがプルードンを読んでいることは序章で触れておいた）。このように社会化された人間のあり方としての民主制が政治的国家ではないとすれば、マルクスはそれをどのような社会だと表象していたのであろうか。

民主制を表象する言葉は、『国法論批判』のなかにはいくつかある。それらの言葉をそれが用いられている文とともに列挙すれば、以下のとおりである。

①Gattungsgestaltung（類的形成体）：

「これらの類的形成体（Gattungsgestaltung）の中で、現実的な人は彼の現実的な内容を現に存在するものたらしめ、『人としての人（Person quand même）』という抽象性を放棄するものである。」（MEW, Bd. 1, S. 228）

② Communistische Wesen（共産体、コミュニティ）：

「市民社会がその政治的行為において陥るところの原子論的あり方は、個人の存在の場である共同体（Gemeinwesen）、共産体（Communistische Wesen）、市民社会が国家から分離されていること、または政治的国家が市民社会を捨象した物であること、から必然的に出てくるのである。」（MEW, Bd. 1, S. 283）

③ Sozietät（社会結合体、社会共同体）：

「ところが実は社会結合体（Sozietat）は個人をして爾他の人々のためになさしめるとともにまた爾他の人々をして個人のためになさしめるのである。」（MEW, Bd. 1, S. 323）

これらのうち、①はおそらくフォイエルバッハに由来する用語であろう。『国法論批判』では二度用いられているが、同じ記述箇所においてである。②は、現代ドイツ語でも用いられ、一般に「共産主義制度」と訳されている。ただし『国法論批判』では一度だけしか用いられていない。またそれも「市民社会（bürgerliche Gesellschaft）」と並べて用いられているため、現代語の「コミュニティ」の意味で使用されている可能性が強い。③は英語のsocietyに相当する言葉で、ラテン語のsocietasが語源であり、「組合」、「結社」などの意味がある。それはのちに現代語の

Assoziation に発展する言葉であり、『国法論批判』では計一三回用いられている。[12]

こうしてみてくると、①は具体性がなく、②は現代語の「コミュニティ」の代わりに用いられていることから、③の Sozietat がマルクスが「真の民主制」として表象した言葉である可能性が強いと言えるであろう。おそらくマルクスは後に頻繁に使用した Assoziation〔連合社会〕の意味をこの言葉に込めて用いたと思われる。

したがって、「真の民主制」とは、確かに言葉のうえでは、Demokratie という政治的な領域を表わしているが、マルクスはこの言葉で国家体制や政治的体制を表象したのではなく、市民社会に属する「社会化された人間のあり方」を指す Sozietät（社会結合体）を表象していたと考えるのが妥当ではないか。

注

（1）　そこには次のような文句がある。「もう一つの、私がやはり『ドイツ年誌』に予定していた論文は、国家の内部体制に関する限りでのヘーゲル自然法（『ヘーゲル法哲学』を指す）の批判です。その核心は、どこまでも自分と矛盾し自分を止揚する両生体としての立憲君主制を論駁することです。」（MEW, Bd, 27, S. 397）

（2）　Gyorgy Lukacs, Zur philosophiscen Entwicklung des jungen Marx (1840-1844) ,Deutche Zeitschrift fur Philosophie. Jahrgang 2, Hefte. 2, 1954, S. 303, G・ルカーチ／平井俊彦訳『若きマルクス』（ミネルヴァ書房、一九五八年）四七頁。

（3）　Feuerbach, a. a. O., S. 10, 315, 400, フォイエルバッハ／船山信一訳『キリスト教の本質（上）』

（岩波文庫）一一頁、同（下）四五、一五二頁。なお『提言』（一八四二年）の冒頭にも同じ命題が掲げられているが、「神学の秘密は人間学である」のように強調点の位置が異なる。Vgl. Feuerbach, Vorläufige Thesen zur Reformation der Philosophie, Ludwig Feuerbach, *Philosophische Kritiken und Grundsatze*, Philipp Reclam Leipzig, 1969, S. 169, フォイエルバッハ／松村一人・和田楽訳『哲学改革のための暫定的命題』（同『将来の哲学の根本問題』岩波文庫、一九六七年、九七頁）。

（4）Feuerbach, ebenda, 邦訳前掲同頁。

（5）渡辺憲正『近代批判とマルクス』（青木書店、一九八九年）は、筆者とは反対に「これをいわゆる〈土台＝上部構造〉論の脈絡で解釈してはならないであろう」（三三頁）と言明している。もちろん、マルクスのこの議論は、氏の言うように「なお市民社会と政治的国家の特有の関係を問うことなく、いわば本質論的に――政治的国家が家族・市民社会という現実的な圏域を土台として存立することを確証したのである」（同上）という見方もありうる。しかし、冒頭に掲げた氏の見解は、議論上ヘーゲル批判の枠を出ることのできない制約によって隠されているマルクスの真意を捉え損なうものである。私見によれば、『国法論批判』は、それが直接ヘーゲル法哲学の批判が主たる対象である関係上、議論がその枠を出ないのは当然であり、肝心なことは、マルクスのヘーゲル批判の議論のうちにマルクス自身のまだ顕在化され概念化されていないが表象として存在する思想を読み取ることである。これは、『国法論批判』におけるマルクスの思想を読み取る際の原則であると思われる。なお他方の極端として、マルクスの叙述のこの部分を後の唯物史観における土台・上部構造論に直結させる議論を展開しているのは、柴田高好『マルクス政治学原論』（論創社、二〇一二年）である（同書四〇頁参照）。

（6）岩淵慶一『マルクスの批判哲学』時潮社、一九八六年、三九頁。

（7）柴田高好氏が「ヘーゲル市民社会論のまともな検討もなしに、ただ国家論にのみその眼を向けていたマルクス」（前掲書三七頁）と云々し、「ヘーゲルの市民社会についての分析、コメントがまず行われ、ついでしかる後にその市民社会を批判し止揚するオールタナティヴとしての国家が取り上げられ分析されなければならない」（三四頁）のに、「マルクスの『ヘーゲル国法論批判』は、遺憾ながら、この市民社会論を欠落せしめていると言わなければならない」（同上）と述べているのは事実として認めなければならない。しかし、それがために「ヘーゲル市民社会論における、あの国家と市民社会との画期的な弁証法が見失われ、ただただ市民社会が国家を規定するという一面的把握が前面に出る」（同上四〇頁）こととなり、さらに「最初の出発点におけるマルクスのこのような把握は、その後も首尾一貫し、あのいわゆる唯物史観公式における、政治的上部構造は相対的な自立性を有しながらも、経済的土台によって基本的に規定されるという、経済主義に定式化されるのである」（同上）と結論づけるのは承服しがたい。唯物論的歴史観を経済主義と見做す氏の見方こそ逆に一面的な見解であろう。

（8）例えば、神田順司「国家・法・人格―マルクス「ヘーゲル法哲学批判」の問題性について」（川越修・植村邦彦・野村真理編『思想史と社会史の弁証法―良知力追悼論集』御茶ノ水書房、二〇〇七年、所収）を参照。神田論文はまず「マルクスはヘーゲル『法哲学』全体を通してその体系を検討し、その上で『国内法』に批判の的を絞ったのでは断じてない。以下で論証するように、明らかに彼は『国内法』という関心の対象だけを、しかも予備知識もなく読み、論評を加えていった」（同上、四三頁）と述べ、この論文の最後の方で「たしかにマルクスはヘーゲルの『法哲学』を理解できなかった、いやそれどころか、彼の『ヘーゲル法哲学批判』のほとんどがヘーゲル『法哲学』の曲解に基づいていると言ってよい」（五七～五八頁）とまで言い切っている。また氏はマルクスが予備知識もなくヘーゲル『法哲学』の「国法論」を読んだと断定し、彼〔マルクス〕は『抽象法』も『道徳』も『市民社会』の章も読まずに『国内法』だけを批判の対象に据えた」と述べている。さらに氏は、アヴィネリの「それ〔『国法論批判』〕はできる学生が難しい教科書を隅から隅まで勉強した成果に似ている」(Shlomo Avineri, *The Social and Political Thought of Karl Marx*, Cambridge University Press, 1968, p.13、中村恒矩訳『終末論と弁証法』法政大学出版局、一九八四年、一五頁)という言葉に注目し、「それはいわば未完の『学習帳』のような存在だった」(神田順司、前掲書、五七)と、まるでマルクスのこの草稿が全く研究価値が無いかのような口ぶりで、マルクスを貶めている。また氏の「論証」のなかでは、マルクスがヘーゲルの法哲学上の用語、命題、したがって思想を全く理解していないということが例を挙げて示される。しかし、唯物論者になったマルクスがそれと真逆の立場に立つ客観的観念論者ヘーゲルの言辞をそのまま鵜呑みにする〔氏の言う「理解」とはそういうことである〕ことなどありえない。つまり「理解」とはある哲学者の思想をそのまま受け入れることと同じであり、そうであれば立場の異なる二人の思想家が互いを「理解」し合うことなどあり得ないのである。このあたりの事情を長谷川宏氏は次のように要領よく説明している。「現実から理念へ、そして理念から現実へ、何度も行ったり来たりして理論を作り上げていく。それがヘーゲルのやり方です。しかし、マルクスの目から見れば、ヘーゲルが観念的に逆立ちしているように見えることは、これまた嘘ではない。思想と思想が出会うとき、とくに異質な思想がぶつかるときには必ずこういうことが起こるのですね。相手の理論に強い不満を抱いたときには、だれでもこういう言い回しをするもののようです」(長谷川宏『初期マルクスを読む』岩波書店、二〇一一年、二八頁)。ともかく、氏の「論証」は主にマルクスとヘーゲルの言葉遣いの違いやマルクスの用語法の一貫性の無さにのみ焦点を絞ったものであり、したがってマルクスとヘーゲルの思想・理論内容を捨象した結果である。

(9)　例えば、柴田高好『ヘーゲルの国家理論』日本評論社、一九八六年、二五八～二六九頁を参照。氏はマルクスがヘーゲルの国家論を理解していないという理由を二点挙げている。第一点は、「マルクスが、ヘーゲルの人倫的国家が市民社会（広義）を止揚した高次のヘーゲル独特の有機的立憲君主制であり、われわれのいうナポレオン型国家であることを全く理解せず（当時のいまだ若きマルクスにこれを求めるのは酷であるとはいえ）、これを自然法契約説による通常のブルジョア立憲君主制国家、つまりまさにヘーゲルがそれをこそ批判したところの市民社会（広義）次元の権力分立体制、悟性国家と同列のものとして単純に把握し批判しているということである」（柴田高好、前掲書、二六五頁）。しかし、ヘーゲルの理想とする立憲君主制国家がナポレオン型国家であるとするのは、若きヘーゲルのナポレオン賛美が晩年のヘーゲルにおいても持続しているとの思い違いであり、明らかに間違っている。というのは、ヘーゲルがプロイセン王フリードリヒ・ヴィルヘルム三世の下でベルリン大学の正教授に招聘された一八一八年の三年後の一八二一年に『法哲学』が出版されたという事情、および『法哲学』の諸見解が当時のプロイセンのシュタイン、ハルデンベルクの改革と一致する点、およびそれによってヘーゲル哲学がプロイセン政府公認の哲学になったことなどを考慮すれば、『法哲学』の執筆の動機がベルリン大学教授就任に対する感謝を示すことであり、したがってまた、プロイセンの立憲君主制国家を理性的国家たる人倫的国家として賞揚することが『法哲学』の目指すところであることは見え透いた道理だからである（vgl. Rolf K. Hocevar, *Hegel und der Preusische Staat*, Goldmann Wilhelm GmbH, 1982, ロル・K・ホッチェヴァール／寿福真実訳『ヘーゲルとプロイセン国家』法政大学出版局、一九八二年、一一七頁参照）。氏の挙げる第二の理由は、以下の記述に示されている。「§287でヘーゲルが統治権を、君主による決定と区別してその決定の実行や適用であると規定し、統治権を包摂作用と説明していることについてマルクスは、『統治権の普通の説明。ヘーゲル独特のものといえるのはただ彼が統治権、行政権(polizeiliche Gewalt—引用者)および司法権を相互的に調和的に働きたらしめる点だけなのであるが、しかし行政権(administrative Gewalt)と司法権とは対立物として取り扱われるのが通例なのである』といっている。だがヘーゲル国家論に対するマルクスの無理解がここにも明白に露呈されている。……そこ〔市民社会〕では、行政権と司法権とはいずれも統治権の下部機構として調和的に位置づけられ、市民社会(狭義)つまり国民と直接接触するものとされていたのである。」(柴田高好、前掲書、二六六〜二六七頁)しかし、この見解は、原文を正しく読めば、全くの間違いであることがすぐに分かる。氏の引用文では、ヘーゲルのいう「警察権(polizeiliche Gewalt)」と通常の三権分立論における「行政権(administrative Gewalt)」を日本語訳では区別せずに両方とも「行政権」と表現している。すべての間違いはここに由来する。マルクスの「行政権(administrative Gewalt)と司法権とは対立物として取り扱われるのが通例なのである」という言葉は、ヘーゲルの権力分立論のことを指して言っているのではなく、ロックやモンテスキューなどで行政権と司法権が別々に扱われている権力分立論を念頭に置いていて、ごく普通のことを述べているのである。他方、マルクスのその前の文(「ヘーゲル独特のものといえるのはただ彼が統治権、行政権(polizeiliche Gewalt)および司法権を相互的に調和的に働きたらしめる点だけなのである」)ではpolizeiliche Gewaltは「行政権」と訳されているが、これは明らかな間違いで、「警察権」と訳すべきなのである。このように異なる原語を同じ「行政権」と訳したから、マルクスに「ヘーゲルの無理解」などといういわれのない罪を着せることになったのである。詳しくは、『法の哲学』(藤野渉・赤澤正敏訳『世界の名著35　ヘーゲル』中央公論社、一九六七年、五四五頁の訳注(2))を参照。

（10）Michael Lowy, op. cit., p. 41, 邦訳前掲書七九頁。

（11）長山雅幸「マルクスの思想形成と『社会契約論』——所謂「クロイツナハ・ノート」をめぐって——」（http://www.geocities.co.jp/CollegeLife-Library/6752/Marx_and_Rousseau-j.html）を参照。

（12）藤田悟「初期マルクスにおける市民社会論の出発点——『真の民主制』論をめぐって——」（『立命館産業社会論集』第三九巻三号、二〇〇三年十二月、一一五頁）参照。同氏によると、『国法論批判』の前半部においては中世の「社会団体」や「家族」の意味などを表わすのにも用いられているが、後半部においては「真の民主制」を表わす言葉として用いられているという（同上）。

第二章　人間解放論としての疎外論

はじめに

マルクスは「ライン新聞」の編集長を正式に辞任した後、三月下旬にオランダ旅行に出発する。その後マルクスはクロイツナハで五月から九月にかけて『国法論批判』を執筆する。その間、五月に『独仏年誌』の発行の企画に関してルーゲと相談している。なぜ新しい雑誌の名前が『独仏年誌』になったのかに関しては、フォイエルバッハが『提言』のなかでフランス人の実践的気質とドイツ人の理論的気質との総合を実現することが重要であることを述べていたからだった。フォイエルバッハは、次のように書いていた。「真の哲学者、生活、人間と一体となった哲学者は、フランス人とドイツ人の血を引くものでなければならない。[1]」マルクスはこの考えに感激し、ルーゲがパリで雑誌を発行するとの考えをマルクスに提案した後に、一八四三年三月十三日のルーゲ宛の手紙で次のように書いている。「『独仏年誌』ということなら、それこそ原理であり、一貫した出来事であり、またそれに熱狂できるような企てでしょう。」(MEW, Bd. 27, S. 416)

しかし、ドイツ人とフランス人との連合という彼らの計画は成功しなかった。というのは、ルーゲは、ラムネー、ルイ・ブラン、ラマルティーヌ、ルルー、カベー、デザミ、コンシデランらのフランスの社会主義者・共産主義者に雑誌への参加を促したが、すべてに断られた。またフォイエルバッハへ協力を要請したが、それも断られた。マルクスは一八四三年十月三日のフォイエルバッハ宛の手紙で次のように書いている。「あなたはフランス・ドイツの学問的同盟の必要を語られた最初の著述家の一人でした。したがって確かにあなたは、この同盟を実現しようとする試みを支持する最初の人間の一人でもあるでしょう。つまり、ドイツとフランスの労作が混ぜ合わせて刊行されることになっているのです。最も優れたパリの筆者たちが承諾しました。あなたの寄稿ならどれでもわれわれは大歓迎しますし、またおそらく何かを用意していただけると思います。」(MEW, Bd. 27, S. 419) そしてマルクスはフォイエルバッハに反シェリング論を書いてもらうよう求めた。しかし、フォイエルバッハは同年十月二五日のマルクス宛の手紙で次のように書いて、雑誌への執筆を断ってきた。「あなたは私に対してシェリングにかんする或る新しい特色付けの必要を、そしてもとよりフランス人たちの面前で或るたいへん機知に富み且つ切迫した様式で、表象しました。そのことの結果、『私は少なくとも今はシェリングにかんするその特色づけをあなたにたいして送付することができない』というふうにあなたに対して答えなければならないということは、私を心から苦しめることであるほどです。[2]」

マルクスは一八四三年十月にパリに引っ越したが、やがてルーゲが病気になり、雑誌の出版の準備はマルクスひとりが担うことになった。結局ドイツ人寄稿者も、フレーベル、ヘス、エンゲルス、バクーニン、ヘルヴェークだけになり、『独仏年誌』は一八四四年二月にパリで発行された。

なお『独仏年誌』にマルクスは、ルーゲへの三通の手紙に加えて、「ユダヤ人問題によせて」

と「ヘーゲル法哲学批判序説」の二つの論文を寄稿している。最近、日本の研究者によりこの二つの論文の執筆時期について新しい見解が出された。[3] それによると、従来は「ユダヤ人問題」の方が先に書かれたというのが定説であるが、『独仏年誌』が合冊で出され、第一号に収められる予定であった順に印刷されていったことや、言葉の表現の仕方を検討すると、巻末に印刷されている「ユダヤ人問題によせて」よりも「ヘーゲル法哲学批判序説」の方が先に書かれたと推察されるという。筆者もこの見解を支持したいが、まだ確証がないことや「ユダヤ人問題によせて」の方が『ヘーゲル国法論批判』との理論的接点と継承関係が多く見られることなどを考慮して、従来どおり「ユダヤ人問題によせて」を先に扱うこととする。

第一節　『独仏年誌』からの手紙

マルクスはA・ルーゲに合計三通の手紙を出している。そのうち第一通の手紙は自身のオランダ旅行の印象などを述べた後、「私は、国民的な誇りをいっこうに感じないほうだとはいえ、オランダにいてさえ、国民的な恥辱を感じている」(MEW, Bd. 1, S. 337) というように、遅れたドイツの政治について恥辱すら感じると語っている。マルクスによれば、恥辱とはすでに一つの革命であり、「一種の憤怒、内部に向けられている憤怒なのである。」(ebenda) 専制主義は喜劇であるが、国家は道化芝居にされるにはあまりにも厳粛なものである。われわれドイツ人が乗る船は革命という運命に向かっている。(ebenda, S. 388) このようにマルクスは、絶望的ともいえる専制主義の下でも革命は迫っているという楽観的な見通しを持っていた。
第二通は一八四三年五月に書かれた手紙で、そこには政治を活動と理論の中心に据えるという当時のマルクスの思想が語られている。例えば、次のような言葉が見られる。

「この感情〔人間の自己感情である自由という感情〕だけが、この社会を人間の最高目的のための共同体、つまり民主主義国家にすることができるのである。」(MEW, Bd. 1, SS. 338-339)

「ひとたび政治的動物界に行き着いてしまえば、そこからさらにすすむ反動はもはやないし、それゆえそれの土台を見捨てて民主主義の人間界に移行する以外に他の前進はない。」(MEW, Bd. 1, S. 341)

この手紙を出した一八四三年五月はおそらく『国法論批判』に着手する前の時期であろうと思われる。そのためであろうか、マルクスはフォイエルバッハの人間主義に依拠して、国民が構成する民主主義国家または民主主義に人間の未来の共同体像を見ていた。すなわち人間は自らを手段としてではなく目的として見なければならない。自らを目的として生きる生活は、人間の類的生活が展開される国家で実現される。マルクスはこうした考えからその理論と活動を政治的次元に集中していたようである。ただ彼の目には徐々に経済の出来事が無視しえなく入ってこざるを得なかったことが同じ手紙の中の次の言葉に伺える。

「営利と商業との、財産と人間の搾取との体制が、人口の増加よりもはるかにはやく、現存の社会内部でのある破綻に行きつくに決まっている。そしてこの破綻を旧体制は治療することができない。……われわれのほうから、旧体制を明るみに出し、新世界を積極的に形成していかなければならない。」（MEW, Bd. 1, S. 343）

商業と人間の搾取との体制の破綻を治療できる新世界をどのように建設することができるとマルクスは考えていたのであろうか。その展望は、『独仏年誌』の二論文では理論的な見通しだけが展開されているだけであり、実践的な展望は『パリ草稿（Pariser Manuskripte, 1844）』を待たなければならなかった。

第三通は九月に書かれたものであり、おそらく『国法論批判』を書き終え、フランス革命の研究に没頭していた時期ではないかと思われる。というのは、この手紙のなかには、現存の政府の打倒、すなわち革命への志向を伺わせる表現に満ちているからである。まず哲学の現世化と批判についてこう述べている。

「これまで哲学者たちは、あらゆる謎の解決を自分の机の中にしまいこんで、おろかな俗人たちは、ただ口をぽかんとあけて絶対的学の焼き鳥が口の中にとびこんで来るのを待っていればそれでよかった。いまや哲学は現世化したが、このことの最も適切な証拠は、哲学的意識そのものが外部に対してでなく内部においても、闘争の苦悩のなかに引き入れられていることである。……ここで私が言おうとしているのは、現存する一切のものの容赦ない批判のことであるが、容赦ないというのは、批判がそれの帰結を恐れないという意味でもあるし、また現存する諸権力との衝突をも恐れないという意味でもある。」(MEW, Bd. 1, S. 344)

すなわち、マルクスは哲学が現世化した今では、哲学的意識は現存権力との闘争を恐れないという意味で現存する一切のものの批判を行うと宣言しているのである。ここにおいて批判はもはや単なる理論的批判を超えて実践的変革に向かうことが志向されていると思われる。

一方、カベーなどの現存する共産主義に関しては、『ライン新聞』の編集長時代の見解は変わらず、それらはプルードンらの社会主義的原理の一面的な実現に過ぎないという厳しい評価をマルクスはしている。

「ことに共産主義は一つの教条的な抽象である。といっても私がここで念頭においているのは、何か空想されたありうべき共産主義のことではなく、カベーやデザミやヴァイトリング等々が説いているような現実に存在する共産主義のことである。この共産主義はそれ自体、それの対立物である私有制度に感染した、人道主義的原理の特異な一現象にすぎない。だから、私的所有の止揚と共産主義とは決して同一のものではなく、したがって、フーリエやプルードン等々の学説のような他の社会主義学説が共産主義に対立して発生しているのが見られるのは、偶然のことではなくて必然的なのである。なぜなら、共産主義それ自体が、社会主義的原理の一つの特殊な、一面的な実現に過ぎないからである。」(ebenda)

いわゆる「現実の存在する共産主義」とは農場または工場を経営する数百名規模の財産共同体の実験的な建設を北アメリカまたは英国で実践する共産主義を指す。マルクスがこれに反対するのは、この共産主義が所有観念に捕われ、それから完全に脱却できていないからである。だから所有そのものを問題視するプルードンのような社会主義的原理がそれに対して発生してくるのは当然であるとマルクスは言っているのである。

他方マルクスは理性を現実世界に実現するというヘーゲル哲学の革命的原理をいまだ捨てずにいた。だがマルクスにとって現実世界とは依然としてまだ政治的国家を超えるものではなかった。

「理性はつねに存在していたのであって、ただかならずしもいつも理性的な形態では存在しなかっただけである。だから批判者は、理性的および実践的な意識のどの形態からでも出発して、現存する現実の固有な形態からそれの当為および究極目的として真の現実を展開することができるのである。ところで、現実の生活についていえば、まさに政治的国家こそ、たとえそれがまだ社会主義的な要求によって意識的に満たされていない場合でも、それの近代的形態のすべてのうちに、理性の諸要求を含んでいるのである。しかも政治的国家はそれだけに留まらない。それはいたるところで、理性が実現されているものと想定している。だが、それはまた同様にいたるところで、それの観念的な規定とそれの実在的な諸前提との矛盾におちいるのである。」(MEW, Bd. 1, S. 345)

したがって、マルクスはこの時点においてもまだ政治的国家に理性を実現して現実の変革を遂行しようと考えている。それにつづく次の段落も同様の思想を表現している。

「それゆえ、政治的国家のこの自己自身との衝突のなかから、社会的真理をいたるところで展開することができる。宗教が人類の理論的闘争の目次であるのと同じように、政治的国家は人類の実践的闘争の目次である。政治的国家は、このようにして国家の種の一つとしての (sub specie rei publicae) それの形態のうちで、いっさいの社会的な闘争、欲求、真理を表現しているのである。したがって、もっとも特殊な諸問題――身分議会制度と代議制度との違いといったような――を批判の対象としても、それは決して原理の水準 (hauteur des principle) に達しないことではない。なぜなら、この問題は、人間の支配と私的所有の支配との違いをただ政治的な仕方で表わしているものに過ぎないからである。」(ebenda)

『独仏年誌』の二論文は、この手紙が書かれてから二～三ヵ月後に書かれる。すでにそこにおいては政治的国家の域をこえる問題――貨幣とプロレタリアートの存在――を視野に入れて立論している。したがって、この数ヶ月の間に彼の思想は急進化し、マルクスの理論的な視野が急速に広がったとしか考えられない。この急進化を促したものが何であるか。おそらくモーゼス・ヘスが一八四三年初頭の『スイスからの二一ボーゲン』（これにはB・バウアーの「現代のユダヤ人とキリスト教徒の自由になりうる能力」が掲載されていた）に書評を書いたローレンツ・フォン・シュタインの『今日のフランスにおける社会主義と共産主義』とシュタインの同書をきっかけに書かれたヘスの論文「社会主義と共産主義」ならびにマルクスのクロイツナハ・ノートに表われているフランス革命の研究とルソー、モンテスキュー、マキャヴェリの著作の研究が何らかの影響を及ぼしたのではないかと想像される。

第二節　「ユダヤ人問題によせて」

はじめに

「ユダヤ人問題によせて」はその問題意識と理論的前提から言って直接『国法論批判』につながるものである。すなわち、「『ユダヤ人問題によせて』は、『ヘーゲル国法論批判』の成果の上に立った、『人間的解放』という戦略的展望からする社会批判の論稿であった。そこに示されたマルクスの近代市民社会批判の特徴は、近代市民社会を端的に私的商品所有者によって構成される商品交換社会、商業社会とみるところにあり、したがって、そこにおける人間的本質の疎外は、本源的共同社会の解体、類的存在の自己喪失として捉えられ、貨幣物神崇拝においてその実際的表現をうるものとみなされた。[4]」第一論文では政治的解放の限界が示され、それに対して人間的解放が対置される。人間的解放は類的生活の舞台である国家を現実的諸個人の生活する世界である市民社会の中に止揚、吸収することが展望される。第二論文では、その市民社会が「汚い商売」が支配する商業社会と見做され、貨幣を現世の神として崇める物神崇拝が蔓延する社会として描かれる。以下では、第一論文と第二論文を分けて、順に考察していく。

一　第一論文

マルクスは「ユダヤ人問題によせて」の第一論文の冒頭で、ドイツのユダヤ人は公民としての解放、すなわち政治的解放を望んでいる、との一言で問題の所在を明らかにしている。その後、ユダヤ人問題に対するＢ・バウアーの見解を次のようにまとめている。

「ユダヤ人とキリスト教徒の間の最も堅固な形の対立は、宗教上の対立である。一般に対立はどのようにして解消されるのか？　対立を不可能にすることによってである。宗教上の対立はどのようにすれば不可能になるか？　宗教を廃棄することによってである。」(MEW, Bd. 1, S. 348)

バウアーによれば、キリスト教国家はユダヤ人を解放できないが、ユダヤ人自身も解放されることはできない。というのは、国家もキリスト教的であり、ユダヤ人もユダヤ教的であるかぎり、両方とも解放されない。したがって、宗教が廃棄されないかぎり、ユダヤ人は解放されない。つまり、バウアーにおいては、「宗教からの解放ということが、政治的に解放されることを欲するユダヤ人にたいしても、また他を解放しかつ自分も解放されるべき国家にたいしても、前提条件とされるのである。（MEW, Bd. 1, S. 349）

すなわち、バウアーは、公民として解放されるためにはユダヤ人はユダヤ教の信仰を止めなければならないと要求している。またキリスト教国家がキリスト教を国教としては止めるということ、すなわち、宗教の政治的な廃棄が宗教の廃棄であると見做されているのである。

これに対してマルクスは、「政治的解放それ自身の批判」こそがユダヤ人問題の終結的批判になると問題提起し、「政治的解放の人間的解放に対する関係を研究せず、そのためただ政治的解放と一般的な人間的解放との無批判的な混同」（MEW, Bd. 1, S. 351）に陥っていることにバウアーの間違いがあるという。すなわちここでマルクスは「政治的解放の人間的解放に対する関係」という問題を提起するのである。これが「ユダヤ人問題によせて」の第一論文の主題である。

まずマルクスは政治的国家におけるユダヤ人問題の解放の形態が国家形態の違いによってどう異なるかを示す。政治的国家が存在しないドイツにおいては、ユダヤ人問題は純粋に神学的な問題である。立憲国家としてのフランスにおいてはユダヤ人問題は政治的解放の不徹底の問題である。最後に政治的国家が十分に発達している、すなわち「政治的解放が完成している」北アメリカの自由諸州ではじめて、ユダヤ人問題は神学的意味を失い現世的問題になっている。それらの諸州では、「宗教は単に存在しているばかりではなく、若々しく力強く存在している。」（MEW,

Bd. 1, S. 352）という。ただこのマルクスの見解にわれわれは注目せざるを得ない。というのは、一八四三年五月のルーゲ宛に書かれた手紙では民主主義国家が人間の最高目的のための共同体として賞揚されていたからである。つまり北アメリカの諸州は政治的解放が完成された国家であると見做すマルクスは、民主主義的国家の実現をもはや「人間の最高目的のための共同体」とは見做さず、さらにその次元を越える人間的解放がなされた社会を今や展望していると考えるべきであるということである。この点を確認して次の論点に進む。

ところでマルクスによれば、宗教問題が現世的問題となっているとは、具体的には次のことを意味している。

「宗教がそこに存在することとはある欠陥がそこに存在しているということであるから、この欠陥の源はただ国家そのものの本質のなかにしか求めることができない。われわれにとって宗教は、もはや現世的偏狭の根拠とは考えられず、ただそれの現象であると考えられるにすぎない。」（ebenda）

ここにはすでにフォイエルバッハの宗教批判を乗り越える視点が伺える。フォイエルバッハは神に人間的な本質が対象化されていることを見抜き、神の神秘性を奪えば、宗教的疎外は基本的には止揚されると見做したが、マルクスによれば、むしろ宗教的疎外は現世の世界に欠陥があることの結果、すなわちその一現象にすぎない。宗教的疎外の本質は現世の世界に欠陥があることに求められる。したがってマルクスはこう述べる。「われわれは、自由な公民が自分たちの現世の障壁を除くために、自分たちの宗教的な偏狭を捨てなければならない、とは主張しない。われわれが主張するのは、彼らは現世の障壁を取り除くやいなや、直ちに彼らの宗教的偏狭をも捨てるということである。」（ebenda）現世の欠陥、障壁とは、さしあたり政治的国家の欠陥を指すので、政治的解放がなされた民主主義国家あるいは国家そのものの前提に矛盾があると考えなければならない。そこでマルクスは政治的解放に対する人間的解放の関係という問題を新たに提起する。

「宗教に対する政治的解放の関係の問題は、われわれにとっては、人間的解放に対する政治的解放の関係の問題となる。われわれは、政治的国家を、宗教的欠陥と切り離して、それの現世的な構造について批判することによって、政治的国家の宗教的欠陥を批判する。国家と、ユダヤ教のようなある特定の宗教との矛盾を人間化（vermenschlichen）して、国家と特定の現世的要素との矛盾に変え、国家と宗教一般との矛盾を人間化して、国家とそれの諸前提一般との矛盾に変えるのである。」（ebenda）

「国家とそれの諸前提一般との矛盾」とは政治的国家とそれの基礎をなす市民社会とのあいだの現世的な分裂である。この分裂はすでに『国法論批判』において人間の公民（Staatsburger）と私人（Privatmensch）への分裂ないしは二重化として把握されていた。ここでは政治的国家は人間の類的生活（Gattungsleben）として市民社会の物質的・利己的生活に対立している。すなわち、この対立は、一人および複数の人間において、思考や意識の分野においてだけではなく、現実の世界において天上の生活（政治的共同体における生活）と地上の生活（市民社会における生活）として存在している。前者は普遍的存在としての人間の生活であり、後者は個人的存在としての人間の生活である。国家における生活は人間の真の生活であり、市民社会における生活は利己主義、万人に対する万人の戦いの領域である。問題はこの分裂を止揚することである。

このような分裂をもたらしたのは、フランス革命である。政治的革命は市民社会の革命であり政治的解放を完成させた。それによって古い社会、封建制度が解体された。封建制度においては市民社会の諸要素は、領主権、身分、職業団体といった形態で国家生活の要素に高められ、それ自身政治的であった。政治的革命は、これらの市民社会の要素の政治的性格を廃棄し、市民社会を一方では個々人に、他方では封建社会の中に分散していた政治的精神を市民生活との混合から解き放ち、市民社会の要素から独立した普遍的な領域として確立させた。

このようにして、公民の権利（droits du citoyen）と区別された人の権利すなわち人権（droits de l'homme）が確立された。人権とは市民社会における人の権利、利己的人間の権利、人間と共同体とから切り離された人間の権利にほかならない。具体的には、それは私的所有の人権、平等と安全との人権である。このような権利についてマルクスは言う。

「人権において人間が類的存在として見做されるどころか、むしろかえって類的生活そのものである社会が、個々人の外部の枠として、個々人の本来の自立性の制限として現れるのである。彼らを結合する唯一の紐帯は、自然的必要、欲望と私利、所有と利己的一身との保全、である。」(MEW, Bd. 1, S. 366)

したがって、近代社会では、人間の生活は人間がその普遍的側面である類として生きる政治的生活――公民（citoyen）としての生活――と人間が個々人として分離されて私人（bourjois）として生きる物質的生活に分裂している。しかし、この人間の類と個への分裂は、伝統的哲学に固有の普遍と個別のどちらが真の存在かという問題をめぐる哲学の分裂に反映してきた。そして『国法論批判』のなかで展開された国家と市民社会の分裂と個別と普遍の二元論も同様の背景を持つものである。

そこでヘーゲル哲学までの伝統的哲学における個別と普遍をめぐる哲学論争を振り返ってみる必要があるだろう。

一言でいえば、ヘーゲルで終結する伝統的哲学は、個物を真実の存在（実在）とするか（唯名論 nominalism）、それとも普遍を真実の存在（形而上学的実体）とするか（概念実在論＝実念論 realism）にかかわらず、現実の世界は個物から成る世界であり、普遍は観念的世界に属すると見做し、そうした図式に基づいて哲学は個物で構成される現実世界を普遍的な概念で認識する学であるとされてきた。この実念論と唯名論の対立、いわゆる普遍論争は中世哲学に始まったが、中世のスコラ哲学者のトマス・アクィナスによってこの論争は一時おさまったかに思われた。すなわち、彼は「普遍は個物に内在する」というアリストテレス的な実念論の立場に立ったわけであるが、それ以降は、唯名論が優勢となった。しかしいずれにせよ、中世哲学においては、個物からなる現実的世界は質料が形相を分有することによって成立したと見做され、形相の形相たる神が自然を創造したと考えられてきた。

しかし、ルネッサンスと宗教改革を経て、キリスト教神学の権威が失墜し、神の超越的性格が取り除かれ、自然そのものが神であるとの汎神論が広がってきた。それとともに自然がそれ自体で存立するものとしてその運動法則が研究されるようになってきた。その結果、自然界の形相たる普遍者は神ではなく、むしろ自然法則が普遍者と見做されるようになった（フランシス・ベーコンにおいて、多数の個物の調査から普遍を導き出す帰納法によって求められたものは「形相」と呼ばれたが、それは法則を意味していることに留意されたい）。こうして現実的世界としての自然界に関する普遍論争は終結した。しかし、人間界がまだ残っている。

近代に入ると、人間は神から解放された。それとともに、個人（自我）としての人間と類（精神・社会）としての人間の問題が意識されるようになってきた。ヨーロッパ大陸の伝統的哲学（合理論）が求めた確実な存在（形而上学的実体）は、第一に思考（懐疑）する働き＝我（われ）である（デカルト）。しかし、デカルトの実体は物体と精神との二元論（物心二元論）を残したままであった。さらにスピノザは物体界（延長）も人間界（思惟）も神の属性と解し、「神即自然」とする汎神論を唱えた。一方、独断論と化した合理論と懐疑論に陥った経験論を総合するとの意図から、カントは、伝統的存在論＝形而上学を破棄して、それを認識批判に転換させ、対象の認識を構成する主観＝自我（純粋統覚）の働きを認め、実践理性が支配する人間の道徳の世界を切り開いた。さらにフィヒテはカントの「実践理性の優位」の思想を一層推し進め、絶対的自我に無限に自己を定立させる作用（＝事行）を付与した。それによってフィヒテは、カントにおいて消滅していた絶対者を復活させることを潜在的に意図していたが、これを実行したのがシェリングであった。シェリングは自我＝非我とする「同一哲学」で自然に精神と同一の存在を認め、「自然哲学」で存在としての自然を復活させた。シェリングは自然と精神の根底に絶対者を認め、両者に同列的な意義を与えて、それらを知的直観で把握しようとした。最後にヘーゲルはわれわれという主観的な自我をこえるわれわれという人倫的精神［客観的精神］の世界を打ち立ててシェリングを超え、さらに自然を創造する神的存在をも超える哲学的精神＝絶対精神を最高の存在者に据え、デカルトの肉体と精神の二元論を観念論的にではあるが最終的に克服した。

ヘーゲルは「現実的世界＝個物」と「観念的世界＝普遍」の二元論を具体的普遍の理念という観念的世界で統一しようとした。それはどちらかといえば実念論の立場だった。ヘーゲルの法哲学においては、具体的普遍とは人倫的精神としての国家、いや現実的な国家ではなく国家の理念、理念としての国家である。すなわち、個人はそれぞれの特殊な利益を追求するのみではなく、国家という普遍的な存在のために生き、普遍的なものとしての国家もまた、個人の特殊的な存在を抜きにしては存立できない、という論理にそれは基づいている。ヘーゲルはこのような国家の理念を描いたが、それを現実化しようとするのではなかった。「理性的なものは現実的であり、現実的なものは理性的である」というヘーゲルの言葉からは、理性的なものは現実化すべしという帰結は出てこない。ヘーゲルの具体的普遍としての国家は、あくまで理念としての国家にすぎない。したがって、現実としての利己的な市民社会の生活は、依然としてヘーゲルの理念としての国家、すなわち彼の国家哲学に対立している。というのは、ヘーゲルもこれまでの哲学者と同様、現実を個別から成る世界であると前提しているからである。法哲学では、ヘーゲルは現実的世界である市民社会をばらばらで繋がりのない個人、すなわちアトム化した個人が支配している世界＝原子論（アトミズム）的世界であると見做している。ヘーゲルがそれに対して個人＝原子を包摂する具体的普遍である国家を構想しても、それは所詮理念でしかないので、現実に実現などしようにも無理である。

このように哲学の成立の起源となった《現実的世界＝個別、観念的世界＝普遍》という対立図式、すなわち《現実＝個別、観念＝普遍》の二元論を前提していては、矛盾に陥るばかりである。ヘーゲルの「法哲学」に戻れば、そこにおいては個の原理が支配する市民社会と普遍的生活世界としての国家とが対立する状況が前提されていた。そのような前提は、政治的国家と市民社会が身分として一体化していた中世から、私人（bourgeois）としての物質的生活と公民（citoyen）としての国家的生活が分離した近代の現実の成立を反映していたといえる。このような市民社会と政治的国家の分離は社会生活における個と普遍（類）の分離である。個は物質的生活の単位である独立した個人であり、普遍（類）は公民としての人間の国家における類的生活である。近代社会における対立・分離した私人としての現実的生活と公民としての精神的生活を、ヘーゲルは具体的普遍としての君主制国家において統一しようと考えた。そこで一つの役割を演じたのが、

「職業団体」と「官僚制」の概念である。これらの概念は表向きは、市民社会の利己的な物質的生活を崇高な国家的生活に高める媒介の役割を果たすとされながらも、実際には国家が市民社会を自己の下に無理なく包摂するために設定された概念装置であるにすぎない。こうしてヘーゲルは、伝統的な哲学と同様に、《現実=個別的世界、観念=普遍的世界》という対立構図を克服することができなかった。ヘーゲルの具体的普遍、この場合には理念としての国家が同時に個別である場合に、それは多数性を排除した単一の個人としての君主であるにすぎない。しかるに、「ユダヤ人問題によせて」の第一論文の最後でマルクスは、普遍と個別が現実の経験的な生活のなかで統一されて存在する未来があることを指示している。すなわち、マルクスは、物質的生活の中で個人が普遍的存在を抽象的にではなく現実的に取り戻すことが可能であることを人間的解放の成就される社会の必然性として示している。すなわちマルクスは、以下のような論理で政治的国家に疎外されている人類の共同体を現実の生活のなかに取り戻そうとした。

「現実の個別的人間が、抽象的な公民を自らのうちに取り戻し、個別的人間のままでありながら、その経験的な生活において、その個人的な労働において、その個人的な関係において、類的存在者になったとき初めて、つまり人間が自分の『固有の力』を社会的な力として認識し組織し、したがって社会的な力をもはや政治的な力の形で自分から切り離さない時に初めて、その時に初めて、人間的解放は成就されたことになるのである。」(MEW, Bd. 1, S. 370)

ここで引用句として利用されている「固有の力」という言葉は、ルソーの『社会契約論』から取ってきたものであり、マルクス自身この論文の中でその語句を含むルソーの文を引用している。ここでルソーとマルクスとの関係が問題となるが、それに関しては次のように言うことができよう。「ルソーとの対比で、マルクスが政治的疎外の克服、人間的解放の成就の道を、前の『ヘーゲル国法論批判』におけるような政治の次元でなく、市民社会そのものの中で、そこでのブルジョア〔私人〕のシトワイアン〔公民〕化に求めようとしていることは、ここでも明確に認識できよう。そして、それはルソーの直接性民主主義——その理念の実現をめざしたロベスピエールのテロ独裁——の批判であると同時に、その継承でもある。……ともあれ、以上のような経過をたどって、マルクスの視野が政治的国家から市民社会そのものの分析に移動する端緒が、普遍的人間解放の実践的課題のもとで、ここに切り開かれたことは、初期マルクス思想の形成・発展にとって画期的なものといえよう。(5)」この引用文からもわかるように、類的存在者として国家に生きる公民としての生活と個別的人間として市民社会に生きる私人としての生活を現実的生活の世界としての市民社会のなかで統一すること、これが「ユダヤ人問題によせて」の第一論文の中でマルクスが描いた共産主義社会の構想であろう。ただしこのようなマルクスの主張に限界があることも確かである。「すなわち、まずドイツ哲学に伝統的な類的存在すなわち共同性の思想が、抽象的、一般的な理念としてではなく、経験的、個別的な諸個人の次元にすえなおされていること、そしてそれがどうじに、人間的自由の内実として、個体性と共同性との相即の思想として提起されていること、しかも、なお社会主義、共産主義は自称しないながら、資本主義の止揚のうえに、人間の『固有の力』を社会的なものとして組織するとの思想、そしてそのとき国家という政治的形態は廃棄されるとの思想が示されていることがそれ〔マルクスの主張の特徴点〕である。……しかし人間の共同性は国家として疎外されているというわけだから、市民社会そのものを相互依存の体系としてとらえる視点はでてこないことになる。そこにおける諸個人は、疎外された共同性をとりもどさないかぎり『利己的な人間』にとどまるのである。[6]」つまりマルクスのこの最後の言葉には、国家の廃棄は実質上展望されながらも、いまだ人間の共同性は国家のなかに疎外されて存在すると見做されているのだから、国家のなかに疎外された共同性を市民社会のなかに取り戻さなければ、人間はどこまでも利己的な人間から脱することにはならない、という限界が表明されていると考えられるのである。

しかし、ともかくもマルクスは、個別的人間がその経験的生活の中で個別的人間のままで類的存在になり、社会的な力を政治的な力として自分から切り離さないときにはじめて人間的解放が成就される、と展望することによって「市民社会のうちに市民社会の原理を止揚しうる現実的根拠の生成を認め[7]」それによってはじめて歴史と社会の分野で唯物論に転換し、経済の領域に人間解放の道筋を求めて経済学研究に乗り出すことができたのである。

二　第二論文

次に第二論文におけるマルクスの論点の検討に移る。この論文は一八四三年発行の『スイスからの二一ボーゲン』誌に掲載されたB・バウアーの論文「現代のユダヤ人とキリスト教徒の自由になりうる能力」の書評という体裁をとっている。この論文でのバウアーの主張は、キリスト教徒はキリスト教を乗り越えさえすればよいが、これに反してユダヤ人はユダヤ教から自己を解放するだけでなく、ユダヤ教の完成であるキリスト教とも手を切らなければならないというものである。すなわちここでもB・バウアーは「ユダヤ人解放の問題を、一つの純然たる宗教上の問題にかえている。」(MEW, Bd. 1, S. 371) それに対して、マルクスはB・バウアーのような神学的な問題の立て方を止めにすると方針転換する。すると問題はこうなる。

「われわれにとって、ユダヤ人の解放能力の問題は、ユダヤ教を廃止するには、どんな特殊な社会的要素が克服されなければならないか、という問題にかわる。」(MEW, Bd. 1, S. 372)

すなわち、B・バウアーが考察している安息日のユダヤ人ではなく、日常のユダヤ人、現実の現世のユダヤ人を考察しようというのである。ここからいきなり次のような結論が出てくる。

「ユダヤ教の現世的基礎は何か？　実際的な欲望、私利である。ユダヤ人の現世の祭祀は何か？　きたない商売（*Schacher*）である。彼らの現世の神は何か？　貨幣である。」(MEW, Bd. 1, S. 370)

したがって、きたない商売の可能性のない社会が組織されていたらユダヤ人の存在はなかった

であろう。貨幣は「人間の自己疎外の最高の実際的表現」(MEW, Bd. 1, S. 372) である。言い換えれば、

「実際的な欲望、利己主義は、市民社会の原理であり、市民社会が自分の中から政治的国家を完全に生み出すのと同時に、純粋にそれ自身の姿で現れる。実際的な欲望と利己主義の神は、貨幣である。」(MEW, Bd. 1, S. 374)

「貨幣は、人間の労働と存在とが人間から疎外されたものであって、この疎外されたものが人間を支配し、人間はこれを崇拝するのである。」(MEW, Bd. 1, S. 375)

ここで第一論文にはなかった「疎外」という用語がはじめて用いられている。一つは「人間の自己疎外」という表現で、他は「人間の労働と存在の疎外」という表現である。双方において「疎外されたもの」とは貨幣である。疎外論は『学位論文』ではじめて現われたが、それは全くヘーゲルの疎外論そのままであると言ってよいものだった。次に『国法論批判』で政治的国家を現実生活からの疎外態としての彼岸的存在であるとする論理として疎外論が展開された。それはフォイエルバッハの『キリスト教の本質』における宗教疎外論の政治および社会への適用だった。筆者はこの第二論文での貨幣疎外論もフォイエルバッハ由来のものであると考える。その根拠としては、人間から疎外されたものが逆に人間を支配するという論理がフォイエルバッハの疎外論の論理であるが、ここでの貨幣疎外論は人間から疎外された貨幣が現世の神として人間界と自然を支配するというまさにフォイエルバッハの疎外論の論理そのものであると思われるからである。

さらにこの「ユダヤ人問題によせて」という論文が『国法論批判』の理論的志向の継続及び終結と考えることができるので、この第二論文での疎外論は、フォイエルバッハの疎外論を市民社会の領域に適用したものと考えるのが妥当だからである。ただ問題は、労働・貨幣・商品・譲渡(Veräuserung) などの概念をマルクスがどこから得てきたかが定かでないことである。ただこれは推測でしかないが、フォイエルバッハの疎外論を適用したモーゼス・ヘスの「貨幣体論 (Über das Geldwesen)」からマルクスは影響を受けたのではないかと思われる。というのは、ヘスのこの論稿は『独仏年誌』に掲載する目的でマルクスのもとに送られてきたからである（ヘスのこの論文のマルクスへの影響に関しては補論(三)で論及する）。いずれにせよ、人間の労働が人間から疎外されたものが貨幣であるとする見方はそのまま『パリ草稿』の疎外論に直接つながるものである。

最後に、第二論文はたしかに貨幣という市民社会の要素の分析を問題としている点で第一論文よりも一歩認識が深まっているけれども、類的生活としての国家と私利私欲の世界としての市民社会への人間社会の二重化という視点は第二論文でも共有されていることを示すマルクスの言葉を提示しておこう。

「市民社会はキリスト教的世界ではじめて完成される。いっさいの国民的・自然的・人倫的・理論的関係を人間にとって外的なものとするキリスト教の支配下でだけ、市民社会は、国家生活から自己を完全に切り離し、人間を類として結び付けるあらゆる紐帯を引き裂き、利己主義、私利的欲望をこの類的紐帯におきかえ、人間世界を互いに敵対しあうアトム的な個々人の世界に解消することができたのである。」（MEW, Bd. 1, S. 376）

このアトム的に分離した個々人と類としての人間の分裂は、第一論文の結論で述べられているように、個人の現実的生活が展開される市民社会のなかで人間が類的存在のままで存在し、類的な力を自己から分離させずに社会的力として獲得する時にはじめて克服されるのである。ただし第一論文においては、類的生活は政治的国家に属し、個人的生活は市民社会に属すとされた図式とは異なり、第二論文においては、類的生活と個人的生活の対立は市民社会そのものの内部に求められた。すなわち、類的存在は疎外されて貨幣という物象に、個人的な生活は営利活動としての人間の在り方である労働とに分離され、市民社会の分裂と疎外の全体はエゴイズム〔利己主義〕に代表されている。

第三節　「ヘーゲル法哲学批判序説」

はじめに

マルクスはこの論文でドイツにおける革命の不可避性の把握という点で思想における飛躍を遂げる。マルクスの目は哲学から革命という歴史の現実に転じたのである。その背景には、フランスの社会主義、共産主義に関する文献やシュタインの『今日のフランスにおける社会主義と共産主義』を読んだことから、ドイツの現実にとってのフランス革命の意義と重要性を知り、『ヘーゲル国法論批判』のあとにフランス革命の研究を徹底して行ったことが存在する。その成果は、「クロイツナハ・ノート」に残されている抜粋ノートに現われている。したがって、マルクスにとっての問題は、哲学から革命をいかに論理的、思想的に導き出すかであった。この点で大きな役割を果たしたのが『学位論文』以来もち続けてきた「哲学の実現」の思想だった。これがこの論文の根底にある思想であり、全体的なテーマはドイツ人の解放を通じた人間の解放である。そしてその手段は解放の頭脳としての哲学であり、それの心臓としてのプロレタリアートである。つまり、哲学の実現はプロレタリアートの揚棄なしには果たされず、プロレタリアートの揚棄は哲学の実現なしには果たされないのである。以上がこの論文全体の要旨である。次項からの本論では、名句と名文がちりばめられたこの論文の内容をその展開の論理とともに辿っていきたい。それだがその前に、この論文を書く前にマルクスがすでに獲得している認識を確認しておこう。それは第一には、人間とは国家、社会（Sozietät）、つまり世界のことであるということ（MEW, Bd. 1, S. 378）であり、第二には、近代の主要問題は政治的世界に対する産業と富の世界の関係であるということ（ebenda, S. 382）である。以上を確認してから本論に移る。

一　宗教批判から法と政治の批判へ

マルクスによれば、宗教の批判はすでに終わっているが、「宗教の批判はあらゆる批判の前提である」(ebenda, S. 378) という。また反宗教批判の根本は、宗教が人間を作るのではなくて、人間が宗教を作るのだということにある (ebenda)。そして人間とは人間の世界のことであるから、この世界である国家、社会が倒錯した世界であるために、倒錯した世界意識である宗教を生み出す (ebenda)。そういう意味では、宗教は人間的存在 (menschliche Wesen) が真の現実性を持っていない場合に起こる人間的存在の空想的表現である (ebenda)。以下、マルクスが宗教の存在理由を解明した部分を提示しておく。

「宗教上の不幸は、一つには現実の不幸の表現であり、一つには現実の不幸に対する抗議である。宗教は、悩めるもののため息であり、心なき世界の心情であるとともに精神なき状態の精神である。それは民衆の阿片である。民衆の幻想的幸福としての宗教を廃棄することは、民衆の現実的幸福を要求することである。民衆が自分の状態について描く幻想を捨てろと要求することは、その幻想を必要とするような状態を捨てろと要求することである。宗教の批判は、したがって宗教を後光とするこの苦界の批判をはらんでいる。」(ebenda, SS. 378-379)

こうして真理の彼岸〔宗教〕が消え失せたからには、此岸の真理を打ち立てること〔革命〕が哲学の課題であり、人間の自己疎外の神聖な姿が仮面をはがされた以上は、神聖でない姿での自己疎外の仮面をはぐことが哲学の課題である (ebenda, S. 379)。このように宗教の批判は法の批判にかわり、神学の批判は政治の批判にかわる (ebenda)。このあとマルクスは、フランスと同時代の現実がドイツではその哲学に存在するという理由から、この論文の叙述が「さしあたり現物には関係せず、一つのコピーであるドイツの国家哲学や法哲学にかかわる」(ebenda) とあらかじめことわっている。ということで、これまでの記述はこの論文の序論的部分であると言ってよい。

二　哲学の批判から実践へ

マルクスによれば、ドイツ人は自らの歴史を思想の中で経験したのだから、彼らは現代の歴史的な同時代人ではないが、その哲学的な同時代人である。つまり「ドイツ哲学はドイツ史の観念的な延長である。だから、われわれは実在の歴史の未定稿を批判する代わりに、観念の歴史の遺稿である哲学を批判するなら、われわれの批判は、現代がそれこそ問題だ (*That is the question*) といっている諸問題のまっただ中に立つことになる。」(ebenda, S. 383) 言い換えれば、「ドイツの法哲学と国家哲学は公式の近代的な現在と平価をたもっている唯一のドイツ史である。」(ebenda) だから、ドイツ人は、ドイツの現存状態だけでなく、同時にドイツの哲学という観念的延長を批判しなければならない。「ひとことで言えば、諸君は哲学を実現することなしには哲学を揚棄できないのである。」(ebenda, S. 384) そして「思弁的な法哲学の批判は、批判自身にとどまるものではなく、実践だけが解決手段であるような課題に進んでいく。」(ebenda) この実践とは、これまでマルクスが思い描いていたような理論的実践ではなく、革命である。なぜなら、「批判の武器はもちろん武器の批判の代わりをすることはできないし、物質的な力は物質的な力によって倒されなければならない」(ebenda) からである。しかも「理論もそれが大衆をつかむやいなや物質的な力となる。」(ebenda) 同じことをマルクスは「およそ革命には受動的な要素が、物質的な基礎が必要なのである」(ebenda, S. 386) とも表現している。つまり「思想が実現へ迫るだけでは十分ではない。現実がみずから思想へ迫らなければならない。」(ebenda, S. 386)

ところで、マルクスによれば理論が大衆をつかむようになるのは理論がラディカルになる時であるが、「ラディカルであるとは、物事を根本からつかむことである。ところで、人間にとっての根本は、人間そのものである。……宗教の批判は、人間が人間にとっての最高の存在であるという教説で終わる。」(ebenda, S. 385) ここでの「人間」はフォイエルバッハ哲学がその土台に据える「人間」であることは言うまでもないが、マルクスにおいては、「人間」は価値概念であり、革命を要請する批判的概念である。というのはその直後に次のように語られているからである。

「したがって、人間を卑しめられ、隷属させられ、見捨てられ、軽蔑された存在にしておくような一切の諸関係をくつがえせという、……定言命令をもって終わるからである。」(ebenda)

このようにマルクスにとって革命は、人間の尊厳を汚す諸関係をくつがえすことであり、そういう意味ではカントの言う「定言命令」に等しいのである。ここには「人間」を最高の価値としてこれを基準に革命を根拠付けるというヒューマニズムの思想が現われているといえよう。

三　部分的解放と全般的解放

部分的解放とは政治的革命であり、全般的解放とは、ラディカルな革命、すなわち普遍人間的な解放である。ドイツでは政治的な解放が夢なのであって、革命はラディカルな解放以外にありえない。すなわち、「フランスでは、部分的解放が全般的解放の基礎である。ドイツでは、全般的解放があらゆる部分的解放の必要条件である。」(ebenda, SS. 389-390) しかし、ひとつの身分の解放がすべての身分の解放、すなわち普遍人間的解放につながる場合がある。マルクスによれば、それは次のよう場合でなければならない。

「一国民の革命と市民社会のある特殊な階級の解放とが一致するためには、つまり一つの身分が全社会の身分であると考えられるためには、社会の一切の欠陥がある他の一つの階級に集中されていなければならず、またある特殊の身分が全般的な衝突の身分、全般的障壁の化身でなければならず、またある特殊の社会的領域が、この領域からの解放が全般的な自己解放であると思われるほど、全社会の札付きの非行として認められなくてはならない。」(ebenda, S. 388)

そうなってこそ市民社会の特殊的階級が普遍代表的な階級となり、「その階級がじつに社会の頭脳、社会の心臓となる」(ebenda, S. 389) ことができるのである。こうして見ると、ドイツでは、「実践的生活が非精神的で、精神的生活が非実践的である」(ebenda, S. 390) から市民社会のいかなる階級もその物質的な必然性によって強制されなければ、全般的解放の欲求も生じないだろう。「それではドイツの解放の積極的な可能性はどこにあるのか?」(ebenda, S. 390) それはプロレタリアートの形成にある。これがマルクスの解答である。

四　プロレタリアートの形成と人間の解放

「ドイツの解放の積極的な可能性」はどこにあるのかという問いに対しては、プロレタリアートの形成にあるというのがマルクスの解答である。この解答をマルクスは次のように記している。

「解答。それはラディカルな鎖につながれた一つの階級の形成のうちにある。市民社会のどんな階級でもないような市民社会の一階級、あらゆる身分の解消であるような一身分、その普遍的苦悩のゆえに普遍的性格をもち、なにか特殊な不正ではなしに不正そのものをこうむっているためにどんな特殊な権利も要求しない一領域、……ひとことで言えば、人間の完全な喪失であり、したがってただ人間の完全な回復によってだけ自分自身を勝ち取ることのできる領域、こういった一つの領域の形成のうちにあるのである。社会のこうした解消をある特殊な身分として体現したもの、それがプロレタリアートである。」(ebenda)

マルクスによれば、プロレタリアートはドイツに突然入り込んできた産業の運動によってドイツに生まれつつある。彼らは自然発生的に発生したかあるいは人為的に起こされた貧困、さらには旧社会の急激な解体、とりわけ中間身分の解体から形成される。

なおプロレタリアートと彼らの私的所有に対する態度については次のように述べられているのが注目される。

「プロレタリアートが私的所有の否定を要求したとしても、それはただ、社会がプロレタリアートの原理にまで高めたものを、すなわちプロレタリアートが手を加えるまでもなくすでに社会の否定的帰結としてプロレタリアートのうちに具現されているものを、社会の原理にまで高めているにすぎない。」(ebenda, S. 391)

すなわち私的所有はプロレタリアートそのものの存在のうちにすでに具現されている社会の欠陥であり、その排除の要求はプロレタリアートを生んだ社会の必然的な帰結にすぎないのである。この言葉において、プロレタリアートの解放が社会の私的所有からの解放によって達成されることが明示されている。

さらにマルクスは、人間の解放に向けての哲学とプロレタリアートの同盟と融合の原理を次のように表現している。

「哲学がプロレタリアートのうちにその物質的武器を見出すように、プロレタリアートは哲学のうちにその精神的武器を見出す。」(ebenda)

ここにおいて人間の解放は、哲学とプロレタリアートを精神と物質として実践的に統一する歴史的な一大運動として構想されている。

最後に「結論」として挙げられている文のうち次の重要な二つの表現を示しておこう。

「ドイツの実際上可能なただ一つの解放は、人間を人間の最高存在であると言明するようなこうした理論の立場にたってする解放である。」(ebenda)

「ドイツ人の解放は人間の解放である。この解放の頭脳は哲学であり、それの心臓はプロレタリアートである。哲学はプロレタリアートを揚棄することなしには実現されえず、プロレタリアートは哲学を実現することなしには揚棄されえない。」(ebenda)

前の文では、人間解放の運動が立脚する立場を「人間を人間の最高存在であると言明する理論の立場」、すなわち人間をこの世界の最高の価値とする理論的立場であると表明している。これこそはヒューマニズム〔人間主義〕の最高の表現でなくて何であろうか。後の文章は、哲学の実現によってプロレタリアートの解放がなされると同時に哲学もその使命を果たして揚棄されるように、プロレタリアートも哲学を実現することによってプロレタリアートとしての存在を揚棄し、すべての人間のうちに自らを解消するという人間解放の運動のあり方と展望を明らかにしているといえよう[8]。

五　論理展開と思想的意義

次にまとめとして「ヘーゲル法哲学批判序説」の論理展開を簡単に示しておこう。最初に宗教の批判は基本的に終了したことが宣言され、宗教の根絶は人間社会の転倒性〔人間の自己疎外〕をなくすことによって真に可能であることが述べられる。すなわち、宗教の批判から政治の批判、国家の批判に向かう必要性が語られる。以下、本論に入ってヨーロッパとくにフランスとの同時代にあるドイツの現実はドイツの法哲学、国家哲学にあることが示され、したがってドイツの現実の批判、ドイツとドイツ人の解放は哲学の批判から始められなければならないことが明らかにされる。しかして哲学の批判は哲学の揚棄なしには不可能であり、それは哲学の実現、すなわち実践に踏み出すことによって可能になる。実践とは革命であり、人間の解放を目指す運動である。しかし、革命を起こすには物質的な力が必要である。すなわち革命の担い手が必要であるが、すでにドイツには真の人間解放を達成する階級であるプロレタリアートが形成されつつある。哲学は人間の解放の頭脳として、プロレタリアートはそれの心臓として互いに結合し、融合することによって自らの存在も揚棄される。以上がこの論文の論理である。

最後にマルクスの思想形成史上でこの論文がどういう意義をもっているか、ならびにマルクス主義の歴史上でこの論文がどのような意義をもっているかについて一言しておこう。

本論文においてマルクスは、はじめて哲学から革命に目を見開いたのであり、その意味でたとえ理論の中という限界内においてであれ、哲学から実践へ踏み出したのである。つまり、はじめてマルクスの思想において「実践」概念がその思想の中心を占めたのである。この点で本論文はその後の初期マルクスの思想の原点をなしている。これが本論文がマルクスの思想形成史上に占める位置と意義の第一点である。第二点は人間をこの世界の最高の価値として認め、価値概念としての「人間」概念を打ち立てたことである。この「人間」概念は後の章において述べるように『ドイツ・イデオロギー』で放棄される。しかし、この論文が価値概念としての「人間」概念を確立したことは、マルクス主義思想の歴史における意義の点で再評価すべきことでもある。硬直化および科学主義化したマルクス主義を刷新するためにも本論文に見られるヒューマニズムを再興すべきであろう。最後に本論文がマルクス主義史上で評価すべきもう一つの点は、人間解放の運動における哲学とプロレタリアートの結合の重要性を提起したことである。これは共産主義運動における知識人と大衆の結合の必要性と有効性の哲学的根拠を提供しており、のちのグラムシの「歴史的ブロック」の理論や知識人論などに結実している。ここでは簡単に触れることしかできないが、例えばマルクスがここで打ち出した「プロレタリアート＝人間の解放の心臓、哲学＝頭脳」という思想は、グラムシ的にいえば「哲学とプロレタリアートの歴史的ブロック」[9]の提唱であり、またグラムシの知識人論の精髄を表わす「知識人と大衆の弁証法」[10]的関係の萌芽的なモデル（原型）にほかならない。

注

（1）　Feuerbach, a. a. O., S.182, 邦訳前掲一一二頁。

（2）『フォイエルバッハ全集　第十八巻　書簡集』船山信一訳（福村出版、一九七六年）一九一頁。
（3）高木正道・八柳良次郎「初期マルクスにおける法哲学研究と経済学研究――『独仏年誌』におけるマルクスの二論文をめぐって――」（『法経研究』静岡大学法経学会編、三三巻三・四号、一九八五年三月）を参照
（4）中川弘『マルクス・エンゲルスの思想形成』（創風社、一九九七年）三五～三六頁。
（5）山中隆次『初期マルクスの思想形成』（新評論、一九七二年）一五二頁。
（6）細谷昂『マルクス社会理論の研究』（東京大学出版会、一九七九年）一八～一九頁。
（7）渡辺憲正『近代批判とマルクス』（青木書店、一九八九年）一〇五頁。
（8）筆者による「ヘーゲル法哲学批判序説」のこのような思想の積極的な評価に反して、前掲の細谷昂氏はこの思想の限界を次のように指摘する。「すでにイデアリスムスを脱却して唯物論的方法態度を確立し、変革の対象として市民社会をみすえていたのだけれども、その『市民社会の解剖学』としての経済学に想いいたらなかったために、なお『法の批判、政治の批判』の域にとどまり、あの学位論文以来の『哲学の実現』の立場を抜け切ることができなかったのである。このような立場からは、理論、哲学が能動的なもので、大衆、プロレタリアートは『受動的な要素、物質的な基礎』とされる。自立した個人としてのプロレタリアートの自己解放の思想ではないのである。」（細谷昂、前掲書二一頁）しかし、哲学の実現の思想は知識人と大衆またはプロレタリアートの結合を革命への道筋を示すものとして重要であり、グラムシの知識人と大衆との歴史的ブロックの理論の思想的源泉をなすものである。したがって、この論文においてまだマルクスが経済学研究の必要性に思い至らなかったという点からのみこの論文におけるマルクスの限界を主張することは、プロレタリアートの解放による人類解放を目指す今日の政治運動における知識人層と大衆の新たな結合の

原理を先駆的に示したこの論文の積極的な意義を見落とすことになる。

（9）田畑稔『マルクスと哲学―方法としてのマルクス再読』（新泉社、二〇〇四年）三六～四〇頁参照。

（10）アントニオ・グラムシ／上村忠男編訳『現代の君主』（ちくま学芸文庫、二〇〇八年）〇五五頁。

第三章　疎外された労働の第一規定と資本蓄積論

パリに移ったマルクスは、すでに『独仏年誌』の二論文に結実した研究を通じて経済学を研究する必要をうすうす感じていたと思われる。ただその思いを強めたのが同誌に掲載されたエンゲルスの「国民経済学批判大綱」に接したことである。マルクスはエンゲルスのこの論文におそらく少なくとも三回取り組んだものと思われる。一回目は編集長として同論文を受け取ったときであり、二回目は同誌への掲載時である。同論文に三回目の取り組みを行ったことは、マルクスがパリに滞在した時期に書いた『パリ・ノート（Priser Hefte）』と呼ばれる『経済学ノート』（「凡例」に記したように抄訳を収めた同名のタイトルの邦訳文献がある）に同論文の「摘要」が残されていることから明らかである。おそらくマルクスは、同誌に掲載されたエンゲルスのこの論文を読んでから、経済学研究に取りかかり、スミスやリカードをはじめとする国民経済学者の著作を読んで抜粋ノートと評註を記しながら、『経済学・哲学草稿』（以下『経哲草稿』と略記）を書いたと思われる。また『パリノート』には「J・ミル評註」（以下「ミル評註」と略記）と呼ばれる独立したマルクスによる草稿が残されている。そこで従来から『経済学ノート』と「ミル評註」と『経哲草稿』との間の執筆順序を確定する文献学上の問題が存在している。現在ではラーピンによる推定〔ニコライ・N・ラーピン／細見英訳「マルクス『経済学・哲学草稿』における所得の三源泉の対比的分析」（『思想』一九七一年三月）を参照）、すなわち、第一・第二・第三ノート（セイ、スカルベク、スミスからの抜粋）→第一草稿→第四・第五ノート（リカード、J・ミル、マカロックらからの抜粋と評註）→第二・第三草稿、が定説となっている。したがって、三者の執筆順序は、『経済学ノート』の第一～第三ノート→『経哲草稿』の第一草稿→ミル評註→第二・第三草稿→第四・第五ノート、であると推定される。その他に諸氏によって異なる執筆順序の推定も出されているが、ラーピンによるこの推定が定説となっているので、本書においてもこの推定順序に従って叙述をすすめる。

すでに第二章で論じたように、マルクスは人間の解放をプロレタリアートの解放によって成就されると考えた。その根拠を経済学に求めるためにマルクスは経済学の文献に取り組み、『経哲草稿』を書いたと言ってよい。エンゲルスが「国民経済学批判大綱」で近代市民社会の表層で展開される資本の無政府的な競争の激化から国民経済の破滅への道、すなわち恐慌の発生を導出したのに対して、マルクスは資本の直接的生産過程に属する労働のあり方の分析から「労働の疎外」を見つけ出し、人間の解放がプロレタリアートの解放によって成就されることを明らかにした。それは、「疎外された労働」の第四規定「人間の人間からの疎外」から導かれた次のような結論的な叙述に示されている。

「私的所有に対する疎外された労働の関係から、さらに結果として生じてくるのは、私的所有等々からの、隷属状態からの、社会の解放が、労働者の解放という政治的なかたちで表明されるということである。そこでは労働者の解放だけが問題になって見えるのであるが、そうではなく、むしろ労働者の解放の中にこそ一般的人間的な解放が含まれているからである。そして一般的人間的な解放が労働者の解放のなかへ含まれているというのは、生産に対する労働者の関係のなかに、人間的な全隷属状態が内包されており、またすべての隷属状態は、この関係のたんなる変形であり帰結であるにすぎないからである。」（MEGA, I/2, S. 373-374,『経済学・哲学草稿』一〇四頁）

このようにマルクスが「生産に対する労働者の関係」に着目したのは、そこに労働者の疎外が隠されていると見做したからである。そしてその疎外を分析する中で「疎外された労働」の四つの規定を導き出し、その結果「疎外された労働」が私的所有の原因であることを明らかにした。かくして「疎外された労働」を担う労働者の解放が他方の私的所有の担い手である資本家を含むすべての人間の解放につながることを見出したのであった。

さて、以上のように序章から第二章まで辿ってきたマルクスの思想形成過程との関連を示すために『経哲草稿』の第一草稿における「疎外された労働」論の一つの結論を見てきたが、次に本章のタイトルとして掲げた「疎外された労働」の第一規定と資本蓄積論との関連に論を進めよう。マルクスの『経哲草稿』の第一草稿、とりわけ旧MEGA編集者によって「疎外された労働」と題された断片（以下「断片」と略記）は、後の『資本論』に結実する経済学研究の端緒を成すものである。ところが、これまで「断片」で展開された「疎外された労働」論は、一部の研究者の間で、まだ思想的に未熟で理論的欠陥がある、さらには理論的破綻をきたしている、とまで評されてきた。しかし、管見のかぎりでは、「断片」には『資本論』の資本蓄積論で解明された資本主義的生産関係の成立の基礎とその継続・永続化の構造が荒削りながらも示唆されている。本章では、このことを『経済学批判要綱』（以下『要綱』と略記）や『資本論』などに示された論述に基づいて明らかにしたい。

さてマルクスは「断片」の冒頭において第一草稿の前段（いわゆる「所得の三源泉――労賃・資本の利潤・地代」に関する抜粋とそれに付した論評）の議論を要約した後、今後の研究方向を次のように示している。

「したがって、われわれは、今や私的所有、所有欲、労働と資本と土地所有のあいだの本質的連関を、また交換と競争、人間の価値と価値低下、独占と競争などの本質的連関を、さらにこうした一切の疎外と貨幣制度との本質的連関を概念的に把握しなければならない。」(ebenda, S. 364, 同上八五～八六頁)

ここで「一切の疎外」と呼ばれているもののうち「断片」で展開されている内容は、主として私的所有と疎外された労働の下での人間の価値と価値低下に関するものである。したがって、マルクスが概念把握しなければならないと考えたのは、疎外された労働の関係と貨幣制度の本質的連関であると見做していいだろう。そしてこの連関が具体的に何を意味するかといえば、わが国でのこれまでの研究成果を考慮すれば、資本―賃労働関係と商品―貨幣関係の本質的連関であるということは言うまでもないだろう。[1] マルクスがこの二つの関係に本質的連関があることをこの時点で認識していたことは先の引用文のやや先にあるマルクスの次の記述から分かる。

「労働は単に商品だけを生産するのではない。労働は自分自身と労働者とを商品として生産する。しかもそれらを、労働が一般に商品を生産するのと同じ関係のなかで生産するのである。」(ebenda, 同上八六)

すなわちマルクスは、「労働が一般に商品を生産する関係」＝「商品生産関係」のなかで労働と労働者が商品として生産されるといういわば「労働（労働者）＝商品論」を提示し、さらには労働者＝商品を生産するのが労働そのものであるとしている点では資本―賃労働の生産関係が疎外された労働によって再生産されるという資本蓄積論を展開しているわけである。「断片」では労働（者）＝商品論をもとに「疎外された労働」論という形で資本―賃労働関係の概念的把握が試みられているが、商品―貨幣関係論の分析は「断片」のあとに書かれた「ミル評註」で展開されていることは周知の通りである。さしあたりここでは、マルクスが商品―貨幣関係と資本―賃労働関係の本質的関連を労働（者）＝商品論として把握していたことが了解されれば十分である。

次に疎外された労働の第一規定（事物の疎外）が先の引用文に続いて提示される。

「さらにこの事実は、労働が生産する対象、つまり労働の生産物が、一つの疎遠な存在として、生産者から独立した力として、労働に対立するということを表現することに他ならない。労働の生産物は、対象の中に固定された、事物化された労働であり、労働の対象化である。労働の実現は労働の対象化である。国民経済的状態の中では、労働のこの実現が労働者の非現実化として現われ、対象化が対象の喪失および対象への隷属として、獲得が疎外として、外化として現われる。」(ebenda, S. 364-5, 同上八七頁)

すなわちここでは、国民経済学的事実においては、①労働の生産物が生産者から独立した疎遠な存在として労働に対立し、②労働の実現としての労働の対象化が対象の喪失および対象への隷属として、対象の獲得が疎外として、外化として現れる、ということが明示されている。言い換えれば、①の事態は労働生産物の労働者からの分離、疎遠な存在としての対立を表わし、②の事態は労働の対象化が疎外、外化として現われることを示しているだろう。

そうだとすれば、これと同じ事態は、労働の対象を労働の対象的［客体的］諸条件という概念に彫塑した『要綱』において次のように表現されている。

「労働の生産諸力が発展するのにつれて、労働の対象的諸条件、対象化された労働が、生きた労働と比べて増大しなければならない……という事実は……労働の客体的諸条件が生きた労働に対して、……ますます巨大になっていく自立性をとり、そしてますます大きくなっていく諸部分からなる社会的富が、疎遠かつ圧倒的な力として労働に立ち向かう、というふうに現れるのである。ここで強調されるのは、対象化されているということ（Vergegenständlichtsein）ではなくて、疎外され、外化され、譲渡されているということ（Entfremdet-, Entäußert-, Veräußertsein）、である。」（MEGA, II/1.2, S. 697-8,『資本論草稿集2』七〇六頁）

ここで労働の生産物および労働の対象という概念が労働の対象的諸条件という概念に置き換えられているのは、『要綱』においてマルクス自身の歴史研究・経済学研究が深まり、『経哲草稿』で労働の対象と表現されていたものが労働の対象的諸条件、すなわち生産手段として認識された結果である（言い換えれば、『経哲草稿』の一つの理論的な限界は生産手段の概念が欠如していたことにある）。すなわち、『要綱』では労働とその対象的諸条件の分離が資本主義的生産の前提であるという認識に達しているわけである。

そしてこのように労働そのものからの生産物の分離、言い換えれば労働の対象的諸条件からの労働の分離が資本主義的生産の出発点であることは、『資本論』第一巻第七篇「資本の蓄積過程」にある次の一節が明瞭に示している。

「われわれが第四章（「貨幣の資本への転化」）で見たように、貨幣を資本に転化させるためには、商品生産と商品流通とが存在するだけでは足りなかった。まず第一に、一方には価値または貨幣の所有者、他方には価値を創造する実体（＝労働力）の所有者が、一方には生産手段と生活手段との所有者、他方にはただ労働力だけの所持者が、互いに買い手と売り手として相対していなければならなかった。つまり、労働生産物と労働そのものの分離、客体的な労働諸条件と主体的な労働力との分離が、資本主義的生産関係の事実的に与えられた基礎であり出発点だったのである。」（MEW, Bd. 23, S. 595）

つまり、貨幣が資本に転化するためには、市場に貨幣を所有する生産手段の所有者だけでなく二重の意味での自由な（すなわち、人格的にも自由であるとともに生産手段からも自由な）労働者とが存在しなければならないが、そのための前提となるのは、労働そのものと労働生産物の分離、より正確には労働の対象的諸条件と労働力の分離であるということである。

したがって、『経哲草稿』の「断片」でマルクスが次のように生産の対象に対する財産家〔資本家〕の関係〔＝私的所有〕を生産の対象に対する労働者の関係〔＝疎外された労働〕の帰結であると結論したのは思弁の産物でも偶然でもなく、彼の「疎外された労働」論の立論の正しさを証明している。

「労働の、その諸生産物に対する直接の関係は、労働者の、彼の生産の諸対象に対する関係である。生産の諸対象および生産そのものに対する財産家の関係は、この第一の関係の単なる一つの帰結にすぎない。」（MEGA, I/2, S. 366, 『経済学・哲学草稿』九〇頁）

すなわち、この一節が抽象的に述べている具体的な事柄は、労働生産物がすべて資本家の所有となるのは、労働生産物が労働者から分離されていることの結果にすぎない、ということである。したがって、すでにここにおいてマルクスは、「私的所有」が「疎外された労働」の結果であるという「断片」の結論を先取りして述べていることになると言ってよいだろう。このようなわけで、疎外された労働の第一規定は、私的所有を疎外された労働の結果だとする「疎外された労働」論の主要な結論を導く基本的な規定なのである。

注

（1）中川弘『マルクス・エンゲルスの思想形成』（創風社、一九九七年）の第一篇と第二篇を参照。

補論（一）　エンゲルス「国民経済学批判大綱」とマルクス

エンゲルスのこの論文は一八四四年発行の『独仏年誌』に発表され、マルクスは『経済学ノート』でこの論文の摘要を作成している。そしてこの論文がマルクスの経済学研究のきっかけを与えたことはすでに述べたとおりである。そこで以下、同論文の概要を提示し、それに対するマルクスの摘要の要点を明らかにしたい。

まずエンゲルスは近代社会を商業社会と把握する。つまり商業は私的所有の最初の結果であるとされる。そしてその収益の源泉は相手を騙すことであり、相互不信が商業の根底にあると考える。商業は言わば合法的な詐欺であると言ってよいのである。商業活動は重商主義として始まったが、重商主義の主要点は、貿易差額説である。重商主義は各国間の通商条約を締結したが、時には戦争とそれによる略奪に基づいていた。したがって、重商主義はその野蛮性を隠さなかった。それに対し、「経済学上のルター̀で̀あ̀る̀」(MEW, Bd. 1, S. 503) スミスらの自由貿易を主張する自由主義経済学においては商業は人間的、博愛的になった。つまりこの経済学の推進する自由貿易は国民の間において友誼的であるほど有利なのであった。しかし、「経済学は私的所有の正当性を疑ってみようとは夢にも思わなかった」(ebenda, S. 500)。

次にエンゲルスは価値論に関する国民経済学の議論を紹介し検討する。まず商業は価値のカテゴリーに基づいているとされる。国民経済学によれば、商品の価値は、その真実価値と交換価値に分かれる。真実価値は商品の抽象的な価値であり、リカードやマカロックらのイギリス人によれば、それは生産費を表わす。一方、セイを代表とするフランス人によれば、それは商品の効用を表わす。エンゲルスによれば、「価値とは、生産費と効用との関係である。価値の最初の適用は、あるものを総じて生産すべきかどうか、すなわち、その物の効用は生産費をつぐなうかどうかという問題を解決することである」(ebenda, S. 507) という。すなわち、スミスやリカードらのイギリス人にあっては、生産費に対して競争が効用の代わりをし、セイにあっては効用に対して競争が生産費を持ちこむ、という関係になっている。ところで、価格は生産費と競争の相互作用によって決まる。したがって、真実価値とは需要と供給が一致したときの価格である。こうして、生産費=地代+資本とその利得+賃金、である。そのうち資本は「蓄積された労働」だから、生産は土地と労働だけからなると言える。その他に科学などの精神的要素が生産費に加わる。このような議論から、われわれはエンゲルスがリカードの労働価値説をいまだ積極的に評価するまでには至っていなかったことが分かる。

続いて、エンゲルスは地代に関する国民経済学の議論を概説する。リカードによれば、地代とは差額地代のことにほかならない。すなわち「地代とは、地代を支払う地所の収益と耕作の労をつぐなうだけの最悪の地所の収益との差である」(ebenda, S. 508)。しかし、エンゲルスによれば、地代とは、土地の収穫能力という自然的側面と競争という人間的側面から成るという。さらにエンゲルスは「われわれの第一の生存条件である土地を売買することは、自分の売買への最後の一歩であった。……そして本源的領有、少数者が土地を独占してその他の人々をその生活条件から排除することは、不道徳の点では後世の土地の売買に少しも引けを取るものではない」(ebenda, S. 510) という。さらに、私的所有の廃棄により、土地の価値である地代は、生産能力と競争との関係に帰着するだろう。ところで、資本と労働は本源的には同一である。労働の結果である資本は、生産過程ですぐに労働の基礎、材料になる。にもかかわらず、国民経済学者は労働を資本から切り離す。労働と資本との分離は、実は労働そのものの分離なのである。そして資本は資本とその利得に分かれる。これらの分離は、資本と労働の分離であり、人類の資本家と労働者の分離に基づく。資本は土地と労働を前提し、労働は土地を前提する。そして地代、利得、労賃の分配はすべて競争によってきまる。さらに労働は労賃と労働に分離させられる。しかし、私的所有が廃棄されればこれらの分裂はなくなるだろう。ここでのエンゲルスの国民経済学批判の立場は、フォイエルバッハに依拠した道徳的・人間学的な批判の域を超えていないと言ってよいだろう。

次にエンゲルスは企業間の競争に議論を進める。彼によれば、私的所有が存立しているかぎり、一切が競争に帰着するという。私的所有の最初の結果は、土地と人間的活動が分裂したことである。次に人間的活動が労働と資本に分裂し、対立した。さらに次に土地、労働、資本が、他の土地、他の労働、他の資本と対立するようになる。この敵対の完成が競争である。しかし、競争の対立物は独占である。すなわち競争は独占に移行する。競争の矛盾は、各人は独占を望まざるをえないのに、社会そのものは独占によって損失を受け、独占を遠ざけなければならないことにある。すなわち、所有という独占が存続しているかぎり、独占という所有も是認されるのである。ここではエンゲルスは私的所有の運動の否定的な側面を競争に見る競争論的視角に立っていると言えよう。

次に話題は恐慌論に移る。競争の法則は、需要と供給は常に一致しようとするが決して一致しないということであるが、このような人類の無意識状態の下で商業恐慌は起きるのである。商業恐慌はこれまで五〜七年ごとに起きている。商業恐慌が起きるのは商業に関与する者の無意識な活動に原因がある。つまり、生産を組織的に行えば恐慌は起こらないであろう。言い換えれば、人間として生産を意識的に行えば恐慌は起こらないのである。しかし、現在のように生産を偶然に任せておけば恐慌はなくならず、遅くないうちに社会革命が起きるだろう。それではどうすればいいのか。答えは、消費力と生産力を正しく調整することが意識的生産につながる、ということである。ここではエンゲルスは、私的所有の欠陥を生産の無意識性に求め、自覚的、意識的生産をもってそれに代えることを主張する。

続いてエンゲルスはマルサスの人口論を批判する。すでに述べたように、現在では資本対資本、土地対土地、労働対労働の闘争は高熱状態に駆り立てられている。最後には、過剰な生産物があるのに餓死するという事態が生まれてくる。こうして、過剰生産と経済の停滞との繰り返しを説明するために、マルサスの人口理論が生まれた。しかし、富と貧困との共存という事態の矛盾はだれも説明ができない。しかし、この矛盾は科学の応用による生産力の飛躍的な向上により解決され、無限の生産力を人類は自由にできるようになるだろう。しかし、競争学説に固執すれば過剰な人口と過剰な富との対立はいつまでもなくならないであろう。マルサスの人口理論は、人口は人間の意のままになる生産力以上に増加する傾向を持っている、と主張する。しかし、過剰な人口、労働力は、過剰な土地所有および資本と結びついているのである。しかし、どの成人も自分が消費できるものよりも多く生産できる。したがって、人口過剰と富の過剰との対立もいつかは消滅するだろう。人口理論からわれわれは、土地と人類の生産力に注意を払わなければならないことを学んだ。またこの理論から社会改革が必要であることも学んだ。人口理論は、私的所有が人間を商品にしてしまい、競争の過剰が多くの人間を殺してしまうことを教えた。しかし、私的所有と競争の廃止によって人間のこの卑しめを廃棄することができるだろう。人口理論によると、人口は幾何級数的に増加するのに対して土地の生産力は算術級数的にしか増加しないので、餓死する人が増加すると言うが、科学の応用、とくに化学の応用によって生産力は幾何級数的に増加するだろうと期待できる。

最後にエンゲルスは資本の集中について述べる。競争が続けば、土地と資本は労働よりも強い。というのは、労働者は生存するのに最低必要な生活手段しか得られないからである。そして競争の結果、大土地所有と大資本が残る。最終的には所有の集中が行われ、中間階級は存在しなくなる。したがって社会関係の完全な変革、私的所有の廃棄が起こらなければ、こうした結果はなくならないであろう。つまり、自由競争は不可能なものである、すなわち、独占は競争を生み、自由競争は独占を生む。だから、両者はなくならなくてはならないのである。つまり、自由競争を生みだす原理がなくならなくてはならない。競争は人間の相互の隷属を完成した。競争により犯罪が増加した。工場制度の拡大は犯罪の増加をもたらした。競争は道徳の分野に侵入し、私的所有は人間を退化させた。資本と土地の労働に対する関係においては、前二者が労働に対して優越性を持っている。それは科学の助力のおかげである。つまり、増大する労働力の需要を減らすために機械が発明されたのである。自動ミュール紡績機はその典型である。発明の進歩は停止しないので、労働者の不利益は永久に続くだろう。そして無限に高められた分業のもとで、労働者はつまらない労働の下で生きていかなければならない。そして労働者は機械の採用によって労働の転換を迫られるが、労働の転換は労働者にとって不可能であろう。こうして工場制度の不道徳性は極みに達しているのである。

以上が、エンゲルスのこの論文の概要である。エンゲルスのこの論文の特徴は、第一に近代社会を主に商業社会として把握し、その非人間性を道徳的立場から批判する言わばフォイエルバッハの人間主義的な立場に立脚していると言ってよいだろう。第二に、私的所有が廃棄される必然性を競争という無意識的な企業行動に求める競争論的視角が前面に出されていることもエンゲルスの立論の特徴である。第三に、エンゲルスは国民経済学とその経済の矛盾は私的所有が廃棄された共同社会において最終的に解決されるとする立場に立って議論を進めている。この論文の理論的に重要な点は、とくにエンゲルスの価値論であり、マルクスはこの論文のノートにおいても価値論の部分の摘要を作成している。そしてマルクスの摘要には最後に次にような言葉が記されている。

「資本と労働との分離。資本とその利得との分離。利得と利得の利子とへの分離……利得は生産費を決定する場合には資本が秤の皿にいれる錘として資本に固有のものとして残り、そしてこれは労働に帰する。労働と労賃との分離。労賃の意義。労働が生産費の決定に対して持つ意義。土地と人間との分裂。人間的労働の労働と資本とへの分解。」(MEGA, IV/2, SS. 485-486,『経済学ノート』二九〜三〇)

このうち注目されるのは、最後の「土地と人間との分裂。人間的労働の労働と資本とへの分解。」という言葉である。エンゲルスの論文ではこの部分はこうなっている。

「私的所有の最初の結果は、生産が自然的側面と人間的側面の二つの対立した側面に分裂したことであった。すなわち人間が実らせることなしには死んだ不毛のものである土地と、ほかならぬ土地が第一の条件である人間的活動とがそれである。さらにわれわれがみたように、人間的活動はまた労働と資本に分解し、これらの側面はふたたび相互に敵対した。」（MEW, Bd. 1, S. 513）

「人間的活動」とは労働と資本であり、それらが土地と分離し、労働と資本が分解するとは、のちの『資本論』の言葉でいえば、「資本の本源的蓄積」を意味する。これが資本の本源的蓄積であるとの認識は、まだこの時点のマルクスにはなかったのであるが、これを「土地と人間との分裂」と理解していたことは、のちの本源的蓄積論へつながる重要な認識であると見做さなければならない。

第四章　疎外された労働と私的所有の関係

マルクスが「断片」のはじめで、労働者と生産物との関係、すなわち両者の分離という関係を資本主義的生産の土台および基礎として考察したのは、「国民経済学は、労働者（労働）と生産のあいだの関係を考察しないことによって、労働の本質における疎外を隠蔽している」（MEGA, I/2, S. 366, 『経済学・哲学草稿』九〇頁）と判断したからである。というのは、「労働の本質的な関係とはどういうものかと問うとき、われわれは労働者の生産にたいする関係を問うている」（ebenda, 同上九一頁）からである。すなわち、労働者と生産物との関係こそが労働者の生産に対する関係を表わしており、労働者の生産に対する関係は労働の本質的な関係であるからである。

次にマルクスは疎外された労働の第二規定（自己疎外）を以下のような論理によって導出する。

「これまでわれわれは、ただ一つの側面、すなわち労働者の、彼の労働の諸生産物にたいする関係からだけ、労働者の疎外、外化を考察してきた。しかし、疎外は、たんに生産の結果においてだけでなく、生産の行為のうちにも、生産的活動そのものの内部においても現われる。かりに労働者が生産の行為そのものにおいて自分自身を疎外されないとしたら、どのようにして彼は自分の活動の生産物に疎遠に対立することができるだろうか。いうまでもなく、生産物はたんに活動の、生産の、要約にすぎない。したがって、労働の生産物が外化であるとすれば、生産そのものもまた活動的な外化、活動の外化、外化の活動でなければならない。労働の対象の疎外においては、ただ労働の活動そのものにおける疎外、外化が要約されているにすぎないのである。」（MEGA, I/2, S. 366, 同上九〇頁）

そして労働の外化は実質的には、労働が自発的なものではなく、強いられたもの、強制労働であることにある。言い換えれば、「外的な労働、人間がそのなかで自己を外化する労働は、自己犠牲の、自己を苦しめる労働である。最後に、労働者にとって労働の外在性は、労働が彼自身のものではなく他人のものであること、それが彼に属してないこと、彼が労働において自己自身ではなく他人に従属するということに現われる。」（ebenda, S. 367, 同上九二頁）

次にマルクスは疎外された労働の第一規定と第二規定を次のように総括する。

「われわれは、二つの側面から実践的な人間活動の疎外の行為、すなわち労働を考察してきた。（一）労働者にたいして力をもつ疎遠な対象としての労働の生産物にたいする労働者の関係。この関係は同時に、彼に敵対的に対立する疎遠な世界としての感性的外界ないし自然諸対象にたいする関係である。（二）労働の内部における生産行為にたいする労働の関係。この関係は、労働者に属していない疎遠な活動としての彼自身の活動にたいする労働者の関係である。」

（ebenda, S. 368, 同上九三頁）

引き続きマルクスは疎外された労働の第三規定（類の疎外）を導き出すが、その前に「人間は一つの類的存在である」（ebenda, 同上）という命題が提示される。その理由は、「人間が実践的にも理論的にも、彼自身の類をも他の事物の類をも彼の対象にする」だけでなく、「人間が自己にたいして、一つの普遍的な、それゆえ自由な存在にたいするようにふるまう」（ebenda, 同上、九三〜九四頁）からである。具体的には、人間は動物と同様に非有機的自然によって生活するが、人間は普遍的存在であり、全自然をその非有機的身体とする。それだけでなく、人間は非有機的自然である対象的世界を実践的に産出することによって、自身が意識している類的存在であることを確証する。この対象的世界の産出、すなわち生産によって自然は人間の制作物として現われる。「それゆえ労働の対象は、人間の類生活の対象化である。」（ebenda, S. 370, 同上九七頁）「それゆえ、疎外された労働は、人間から彼の生産の対象を奪い取ることによって、人間から彼の類生活を、彼の現実的な類的対象性を奪い取る」（ebenda, 同上）のである。

以上を総括してマルクスは、疎外された労働の第三規定と第四規定（人間からの人間の疎外）を次のように導出する。

「こうして疎外された労働は

（三）人間の類的存在を、すなわち自然をも人間の精神的な類的能力をも、彼にとって疎遠な本質として、彼の個人的な生存の手段としてしまう。疎外された労働は、人間から彼自身の身体を、同様に彼の外にある自然を、また彼の精神的本質を、要するに彼の人間的本質を疎外する。（四）　人間が彼の労働の生産物から、彼の生命活動から、彼の類的存在から、疎外されている、ということから生じる直接の帰結の一つは、人間からの人間の疎外である。人間が自分自身と対立する場合、他の人間が彼と対立しているのである。人間が自分の労働にたいする、自分の労働の生産物にたいする、自分自身にたいする関係について妥当することは、人間が他の人間にたいする関係についても、人間が他の人間の労働および労働の対象にたいする関係についても妥当する。」(ebenda,同上九七～九八頁)

見られるように、疎外された労働は人間的本質を疎外するが、この直接的帰結と具体的意味は、人間が他の人間と対立していることである。この場合の人間とは労働者であり、他の人間とは資本家であることは言うまでもない。それと同時に重要な事柄は労働者の疎外が資本家の私的所有を生み出すという論理である。これをマルクスは、次のような抽象的論理によって言い表わす。

「だから、疎外された労働を通じて、人間はただ生産の対象や行為に対する彼の関係を、疎遠なそして彼に敵対的な人間にたいする関係として生みだすだけでなく、彼はまた他の人間たちが彼の生産や生産物にたいして立つ関係を、そしてまた彼がこれら他の人間にたいして立つ関係をも生みだす。」(ebenda, S. 372, 同上一〇一頁)

そしてこれに続いてマルクスは、この命題の具体的な意味を次のように明らかにする。

「こうして労働者は、疎外された、外化された労働を通じて、労働にとって疎遠な、そして労働の外部に立つ人間の、この労働に対する関係を生みだす。労働に対する労働者の関係は、労働に対する資本家の、あるいはその他ひとが労働の主人をなんと名づけようと〔とにかくその主人の〕関係を生みだすのである。したがって私的所有は、外化された労働の、すなわち自然や自分自身にたいする労働者の外的関係の、産物であり、成果であり、必然的帰結なのである。」（ebenda, 同上一〇一～一〇二頁）

ここに初めて明確に、疎外された労働が私的所有の原因であり、後者が前者の結果であることが表明された。そしてマルクスはこれを補強する論理として宗教的疎外論を援用して次のように述べる。

「たしかにわれわれは、外化された労働（外化された生活）という概念を、私的所有の運動からの結果として、国民経済学から獲得してきたにちがいない。しかしこの概念を分析すると、ちょうど神々が本来は人間の知的錯乱の原因ではなく、その結果であるのと同様に、私的所有は、それが外化された労働の根拠、原因として現われるとしても、むしろ外化された労働の一帰結にほかならないことが明らかとなる。のちになってこの関係は、相互作用へと変化するの

である。」(ebenda, S. 372-373, 同上一〇二)

この引用文の最後でマルクスは疎外〔外化〕された労働を私的所有の原因としながらも両者の関係が相互作用に変化すると述べていることを捕えて、この議論をもって一種の循環論法であるとする批判が従来からある。例えば、代表的な論者を採り上げれば、林直道氏は次のように述べている。「だから私的所有をうみだすのは、ただ疎外された労働の場合だけだということがわかる——ところで、それでは『疎外された』という規定はどこから与えられるのか? いうまでもなく私的所有の支配下ということからである。ところが『手稿』では私有財産はもっぱら労働の疎外から説明されている。これはあきらかに一種の循環論法といわなければならない。[1]」だが、果たしてそうであろうか。私的所有が疎外された労働の一帰結であるとのマルクスの主張が正しかったことは、すでに第一章の疎外された労働の第一規定の考察から明らかになった。ただマルクスの議論が循環論法であると見做されるのは、疎外された労働と私的所有の関係が相互作用だと規定されているからであろう。とすれば残された問題は、後にこれら両者が相互作用に転化するというマルクスの議論を経済学的に明らかにすることである。そうすれば、マルクスのこの議論が循環論法でないことが示されることになるであろう。

さて、マルクスの言葉のこの部分には続きがあり、先の引用文に次の一節が段落を改めて続く。

「私的所有の発展の頂点にきてはじめて、私的所有のこの秘密が、すなわち一方では、私的所有は外化された労働の産物であり、他方では、それが労働がそれによって外化される手段であり、この外化の実現であるということが、ふたたびはっきりしてくる。」(ebenda, S. 373, 同上)

すなわち、相互作用といわれるもののうち、私的所有からの疎外された労働に対する作用とは、私的所有が労働を外化させる手段であり、外化の実現であるということなのである。それではこれはどういう意味なのか。それを探るためには、「断片」で最初に提示されたマルクスの経済学的研究の目的に立ち戻ってみなければならない。すでに第一章で明らかにしたように、マルクスが概念的に把握しなければならないとしたのは、「一切の疎外と貨幣制度との本質的連関」であった。そして「一切の疎外」とは「疎外された労働」の関係であり、具体的には資本ｰ賃労働関係であることとは、マルクスが疎外された労働と私的所有という「これら二つの要因の助けを借りて、国民経済学上のすべての範疇を展開することができる」(ebenda, S. 374, 同上一〇四頁）として、商品ｰ貨幣関係を分析した「ミル評註」で商品を私的所有の概念で表わし、疎外された労働を営利労働であるとしたことからも明らかである。そうであれば、マルクスが「断片」で疎外された労働によって賃労働を、私的所有によって資本を表象していることもまた明らかである。

こうした表象を前提とすれば、先の引用文における「労働がそれによって外化される」とは、具体的には「労働が賃労働に転化される」ということであり、その「手段」とは資本家が労働力を購入することであると言ってよい。また「外化の実現」も「労働を賃労働に転化する」ことにほかならない。そしてこのような「労働の賃労働への転化」およびその「手段」と「実現」である資本家による労働力の購入は疎外された労働の第一規定である労働（者）からの労働生産物の分離と疎外を前提することは、第一章で示した『資本論』の資本蓄積論からの引用文が示すとおりである。このような疎外された労働と私的所有の関係を『資本論』は先に引用した第七編「資本の蓄積過程」の中で次のように述べている。以下、段落をまたいで引用する。

「つまり、労働生産物と労働そのものの分離、客体的な労働諸条件と主体的な労働力との分離が、資本主義的生産関係の事実的に与えられた基礎であり出発点だったのである。

ところが、はじめはただ出発点でしかなかったものが、過程の単なる連続、単純再生産によって、資本主義的生産の特有の結果として絶えず繰り返し生産されて永久化されるのである。」（MEW, Bd. 23, S. 595）

このように労働（者）からの労働生産物、労働諸条件の分離によって出発点および基礎を与えられた資本は、今度は生産の連続によって逆に労働（者）から労働生産物、労働諸条件を分離させることによって労働を疎外し、労働者を再び賃労働者に転化する。これがマルクスが疎外された労働と私的所有の相互作用として表象した具体的な内容なのである。

それでは疎外された労働の「疎外された」という規定、あるいは資本によって措定されたのでない最初の「労働そのものからの労働生産物、対象的な労働諸条件の分離」はどこから生じたのか。それが次に残された問題である。この問題の解決が残されていることに気づいて、マルクスは『経哲草稿』の「断片」の末尾で二つの課題の一つとして次のような問いを提起している。

「われわれは労働の疎外を、その外化を、一つの事実として受け取り、そしてこの事実を分析したのであった。そこでわれわれは問おうとする。どのようにして人間は自分の労働を外化し、疎外するようになるのか、と。どのようにしてこの疎外は、人間的発展の本質のうちに基礎付けられるのか。われわれはすでに、私的所有の起源に関する問題を、人類の発展行程に対する外化された労働の関係という問題におきかえることによって、この課題を解決するために多くのものを獲得してきた。なぜかといえば、私的所有について語る場合、人間の外部にある事物を問題にしなければならぬと、一般に信じられているからである。だが労働について語る場合、ひとは直接に人間そのものを問題としなければならない。この新しい問題提起は、すでにその解決を含んでいる。」（MEGA, I /2, S.374,『経済学・哲学草稿』一〇五頁）

ところが、マルクスがこの問いに答えていないという点を捕らえて、ここでマルクスはアポリア〔理論的な行き詰まり〕に陥ったとする論者がいる。例えば、山之内靖氏は次のように述べている。「そもそもマルクスは『国民経済学』が経済的カテゴリーの運動法則を『概念的に把握(begreifen)』していないこと、云いかえれば『これらの法則がどのようにして私的所有の本質から生まれてくるかを確証しない』ことを批判し、この論点に自らの積極的な回答を与えるべく『疎外された労働』の論理を展開したのではなかったか。だとすれば、『疎外された労働』の論理をもってしてもなお解決のつかないいまひとつの問題がその奥に浮き上がってきたというのは、『疎外された労働』論自体の方法的欠陥を自覚するにいたったものといわざるを得ないのではないか。(2)」しかし、果たしてそうだろうか。というのは、マルクスは国民経済学が無意識のうちに前提している私的所有の本質を疎外された労働のうちに見出して、私的所有の起源の問題を労働に関する問題、すなわち人間そのものの問題に還元させ、至らしめたという成果を得ており、それによってマルクスは私的所有という物の問題から脱して人間の歴史の次元を理論的に切り開いたからである。この理論的な突破は『ドイツ・イデオロギー』で果たされることになる。ただし、その前に第一草稿ののちに書き記されたと考えられている「ミル評註」における疎外論の展開を辿らなければならない。

注

(1) 林直道『史的唯物論と経済学・下巻—史的唯物論と『疎外』論』(大月書店、一九七一年)一〇七頁。その他に鷲田小彌太『哲学の構想と現実—マルクスの場合』(白水社、九八三年)および福岡安則『マルクスを〈読む〉—疎外の論理と内化の論理』(三一書房、一九七九年」)などがある。なおこれに対する反論に関しては、田上孝一『初期マルクスの疎外論』(時潮社、二〇〇〇年)一〇四~一一二頁を参照。

(2) 山之内靖「『経済学・哲学草稿』のアポリアについて」『現代思想』(青土社、一九七七年八月号)一八九頁(同『受苦のまなざし』青土社、二〇〇四年、二六七~二六八頁)。また同様の主張をしている研究書はその他に清水正徳『人間疎外論』(紀伊国屋新書、一九七一年)、廣松渉『青年マルクス論』（平凡社、一九七一年）などがある。それに対する反論として服部文男「『経済学・哲学手稿』におけるいわゆるアポリアについて」（『社会科学の方法』第六巻第九号、通巻五一号、お茶の水書房、一九七三年九月、同『マルクス主義の形成』青木書店、一九八四年、所収）がある。

なお山之内氏はマルクスによるアポリアの解決を次のうちに見る。「マルクスはヘーゲル左派の認識圏から身を振りほどき、国民経済学に『内在する』地点に立った。そのことは、第一草稿で取りかかった『疎外された労働』の論理について、まったく新たな地点に立って、新たな根拠付けを与える作業が可能となったことを意味していた。『疎外された労働』の末尾において告白されたアポリアは、こうして克服されたことになる。」（山之内靖、前掲書三九〇頁）そして「まったく新たな地点」とは、「第三草稿が主題としてきた『私的所有の主体的本質である労働』を取りあげ、その疎外された性格を明らかにする」（同上四一四頁）ことであると指摘する。しかし、「私的所有の主体的本質が労働である」ことは第三草稿の主題の一つにすぎない。第三草稿の主な主題は後に見るように「私的所有の積極的止揚としての共産主義」を位置づけることと「社会主義としての社会主義」のもとでの人間的欲求の発展の意義を見出すことである。たしかにマルクスはリカードやJ・ミルらの経済学に接し、彼ら国民経済学者がスミスよりも国民経済の非人間的側面をありのままにかつ平然と叙述するシニシズムを知るに及んで、自身の経済学的認識は一段と進歩を遂げた。しかし、このようなマルクスの経済学的認識の進歩と「疎外された労働のアポリア」は何ら関係ない。というのは、後者は労働と私的所有の関係ではなく、「疎外された労働」と私的所有の関係の問題だからである。

第五章　「J・ミル評註」の疎外論

第二章で述べたように、すでにマルクスは「ユダヤ人問題によせて」の第二論文で貨幣疎外論を提示していた。「ミル評註」はそれを受けて、貨幣を経済学的観点からより深く分析・検討したものである。この評註にはモーゼス・ヘスの『貨幣体論』の影響が見られるが、この点に関しては補論（三）で触れる。ここでは「ミル評註」のうちで疎外論に関連した記述（第一評註）を辿り、その疎外論の論理の特徴を浮き彫りにしたい。

最初にマルクスは、国民経済学が生産費とその価値規定に関して「抽象的な法則」を述べているだけで、需要と供給の一致の偶然性という現実を無視していると指摘したあと、次のようにミルの貨幣把握を賞賛しながらマルクスの貨幣疎外論を簡潔に纏めている。

「ミルは貨幣の特質を述べて交換の媒介者だと言っているが、まことに適切で、また事柄の本質を概念にもたらしている。貨幣の本質は、さしあたり、それにおいて所有が外化（entaussern）されている点にあるのではなくて、人間の作り出したものがそれを通して互いに補完されあうところの媒介的な活動や運動、つまり人間的・社会的な行為が疎外され（*entfremdet*）て、それが人間の外にある物質的な物の、すなわち貨幣の属性になっている点にある。」（MEGA,

IV/2, S. 447,『経済学ノート』八七頁)

ここで生産物の交換を「人間の作り出したものがそれを通して互いに補完されあうところの媒介的な活動や運動、つまり人間的・社会的な行為」とマルクスが表現しているのは、それを商品交換という近代ブルジョア社会における直接的形態において捉えるのではなく、それをいったん人間の本質的活動としての社会的な行為〔これをマルクスは後に「社会的交通」(ebenda, S. 453, 同上九八頁)と呼んでいる〕の次元で把握しているからである。したがって、この表現を単純にのちの『資本論』における商品の社会的関係の物象化の理論と同一のものであると理解すべきではない。というのは、マルクスは先の引用文の数頁あとで「生産そのものの内部での人間の活動のお互いの間での交換も、人間の生産物のお互いの間での交換も、ひとしく類的活動であり、類的享受である」(ebenda, S. 452, 同上九六頁)と述べ、分業と交換を近代ブルジョア社会における直接的な現象形態で捉えるのではなく、人間の本質的な社会的活動としての類的活動の次元で把握しているからである。それゆえに、この「人間的・社会的活動」としての類的活動が「人間の外にある物質的な物の、すなわち貨幣の属性になっている」ことを疎外と呼び、その転倒性を指摘したのである。実際、マルクスは先の引用文に続いて、つぎのように貨幣疎外の転倒性を指摘している。

「人間がそのままで人間の仲介者になるかわりに、この疎遠な仲介者を通して、人間は自己の意志、自己の活動、自己の他の人間にたいする関係が、自己や他の人間から独立した力となっているのを直観する。かくて人間の奴隷状態は頂点に達する。明らかにいまやこの仲介者がほんとうの神になっている。……元来、仲介者が価値を有するのは、それが諸対象を代表する限りでのことであるかに見えたのに、いまでは諸対象はそれらがかの仲介者を表わすかぎりでのみ価値を有する。本源的な関係のこの転倒は不可避である。」(ebenda, S. 448, 同上八七頁)

次にマルクスは、私的所有が貨幣にまで進まざるをえない理由を追究して次のように述べている。

「では私的所有はなぜ貨幣体（Geldwesen）にまで進まなければならないのだろうか？　というのはこうである。人間は社会的な存在（geselliges Wesen）として交換にまで進まざるをえないし、また私的所有を前提すれば、交換は価値にまで進まざるをえないからである。すなわち、交換を行っている人間の媒介的な運動は決して社会的な運動でも人間的な運動でもないし、また人間的な関係でもない。それは私的所有と私的所有との抽象的な関係である。そしてこの抽象的な関係が価値であって、この価値の価値としての実存こそがなかんずく貨幣である。……私的所有と私的所有に対する社会的な関係ということが、すでに私的所有の自己疎外の一関係である。だからこの関係の対自在的実存である貨幣は、私的所有の外化であり、私的所有の特有の人格的本性の捨象である。」(ebenda, S. 448-449, 同上八八～八九頁)

すなわち、私的所有が貨幣にまで進まざるをえない理由は、①人間は社会的な存在として交換まで進まざるをえないこと、②交換は、私的所有を前提すれば、価値にまで進まざるをえないこと、の二段論法で説かれている。この論法の②を裏返して、私的所有を前提しなければ、交換は何に進むのかと問うてみることもできる。具体的にはそれは私的所有に先行する共同所有または共同体所有のもとでは、交換は何に進むのかという問いである。しかし、マルクスは「ミル評註」執筆段階では、これらの共同所有ないしは共同体所有の歴史的な存在に関する知識はなかった。むしろ彼の関心は、私的所有のもとでの生産と労働のあり方にあったと見做してよい。したがって、マルクスの問題の立て方は、あくまで私的所有を前提し、それが貨幣にまで進まなければならないのはなぜかと問うことなのである。それに対してマルクスは、人間は本質的に社会的存在だから、交換にまで、それゆえ価値にまで進まざるをえない、と答えたまでのことである。貨幣が社会的な交通の疎外されたあり方だという認識は前提にあるが、ここでは問題は私的所有からの貨幣の生成の論理である。この点を一応確認して前に進めば、第一に、交換は人間的な関係では全くなく、むしろ私的所有と私的所有の抽象的な関係であり、それが価値である。そして価値の実存形態が貨幣である。これが私的所有から貨幣が生成する論理である。第二に、私的所有の相互の社会的関係自体が私的所有の自己疎外の関係であり、この関係の実存形態としての貨幣は私的所有の外化である。これが私的所有と貨幣の関係である。

次にマルクスはスミスらの近代の国民経済学が貨幣を富と信じる点で重金主義と同じ穴のムジ

ナであること、今日の銀行制度に実現している信用制度はサン＝シモン主義者たちが考えているような貨幣と人間の分裂が止揚される段階であるどころか、人間の自己疎外の一層の極端化であることを論じたあと、いったん貨幣論から離れる。そして人間の本来のあり方が社会的な存在、共同的な存在であることを交換の事実から引き出して、次のように述べる。

「生産そのものの内部での人間の活動のお互いの間での交換も、人間の生産物のお互いの間での交換も、等しく類的活動であり、類的享受である。そしてそれの現実の、意識的な真の現存在は社会的活動であり、社会的享受である。人間は真に共同的な存在（Gemeinwesen）である、というのが人間の本質であるのだから、人間はその本質を発揮することによって人間的な共同的存在（Gemeinwesen）を、すなわち個々人に対立する抽象的普遍的な力になることの決してない、むしろそれ自身が個々人すべての本質であり、彼ら自身の活動、彼ら自身の生活、彼ら自身の享受、彼ら自身の富であるような社会的な組織（gesellschaftliche Wesen）を創造し、生み出すのである。」（ebenda, S. 452, 同上九六頁）

これはマルクスが社会的存在としての類的存在（Gattungswesen）論をはじめて展開した議論である。この文での「類的」という言葉は、ほぼ「社会的」、「共同的」という言葉と同義である。ここでは、人間は本来は社会的な存在なのだから、そしてまた真に共同的な存在であるのが人間の本質なのだから、貨幣のような抽象的普遍的な力が個々人を支配することの決してない社会的な、共同的な存在を創造することの必然性が明言されている。ここで象徴的なことは、人間が本質上または本来は社会的、共同的存在であるという類的存在論が活動の交換（分業）と生産物の交換という商品生産社会における人間の経済的な行為や活動の分析から引き出されたということである。このことから、共同的な存在が生み出される領域もそれを生み出す原因も経済的なものであることが明らかとなる。先の引用文に続く次の文がそれを示している。

「だから、あの人間の真の共同的存在（Gemeinwesen）は、決して反省によって生ずるのではない。おもうに、それは諸個人の必要とエゴイズムによって、すなわち、彼の現存在そのものの活動を通して直接に生み出されるのである。この共同組織が存在するか否かは、人間から独立している。」（ebenda, 同上九六〜九七頁）

すなわち、真の共同的存在を生み出すのは諸個人の必要とエゴイズムという経済的な誘因であり、それが実現されるかどうかは人間から独立している、すなわち、個々の人間の意志から独立した客観的な要因に掛かっているのである。マルクスはさらにこう続ける。

「だが人間が自己を人間として認識していず、したがって世界を人間的に把握し終えていない間は、この共同的存在は疎外の形態のもとに現われる。なぜなら、この共同的存在の主体である人間が自己疎外された存在であるのだから。抽象態における人類ではなくて、現実の、生きた、あれこれの個人としての人類がこうした共同的存在の本質なのである。だから、これらの諸個人としての人類の存在の仕方が、とりもなおさず共同的存在そのものの存在の仕方である。」(ebenda, 同上九七頁)

ここで「抽象態における人類」ではなく、「現実の、生きた、あれこれの個人としての人類」とは『ドイツ・イデオロギー』で歴史の真の主体であるとされた「現実の生きた諸個人」のことにほかならない。「現実の生きた諸個人」が「こうした共同的存在の本質」であるとの言葉は、「ミル評註」の執筆段階でマルクスが類的存在で表象していたものが人間の抽象的本質などではなく、「現実的諸個人」であったことを物語っている。

そしてこの言葉に続いて、マルクスの疎外論が次のように様々な表現で展開される。

「だから人間が自己自身を疎外するということと、この疎外された人間の社会は人間の真に現実的な共同的存在の、つまり人間の真の類的生活のカリカチュア〔戯画〕であるということとは、だからそこでは、かれの活動が苦悩となって、かれ自ら作り出したものが自己に対して疎遠な力となって彼の富が窮乏として、彼を他の人間に結びつける本質的紐帯が非本質的紐帯となって、それどころか他の人間からの彼の分裂が彼の真の現存在として現われるということとは、さらにまた、そこでは、彼の生活が自己の生命を犠牲にすることとなって現われ、彼の生産が自己の無(Nichits)の生産となって現われ、対象に対する彼の力が自己に対する対象の力となって現われ、自己の創造物の主人である人間がこの創造物の奴隷となって現われるということとは、これらはすべて、一箇同一の命題である。」(ebenda, S. 452-453, 同上九七頁)

すなわち、人間の自己疎外とは、①人間の社会が共同的存在のカリカチュアであるということ、②かれ自ら作り出したものが自己に対して疎遠な力として現われこと、③彼の富が窮乏として現われること、④疎外された社会では人間の生活が自己の生命を犠牲にすることとなって現われること、⑤彼の生産が自己の無の生産となって現われるということ、⑥対象に対する彼の力が自己に対する対象の力となって現われること、⑦自己の創造物の主人である人間がこの創造物の奴隷となって現われるということであると表現される。人間疎外を表わしたこれらの多様な表現は、ここで問題となっている貨幣疎外だけでなく、『経哲草稿』で明らかにされた労働の疎外をも表現している包括的な人間疎外論の命題であり、「ミル評註」以降のマルクスが書いた多様な表現に人間疎外の意味を読み取るための基礎的命題である。この点に留意を促しておきたい。

次にマルクスは国民経済学が人間の共同的存在をどう捉えているかを問題にし、次のように断言する。

「ところで、国民経済学は人間の共同的存在を、すなわち人間の本質の発揮(sich betätigendes Menschenwesen)を、つまり類的生活、真に人間的な生活を営むための相互的な補完行為を、交換ならびに商業という形態で捉えている。デステュット・ドゥ・トラシィはいう、社会は相互的な交換の一系列である。それは交換による相互的な統合の運動にほかならぬ、と。アダム・スミスはいう、社会は一つの商業社会であり、その成員はおのおのの商人である、と。」

(ebenda, S. 453, 同上九七～九八頁)

ここでの眼目は、マルクスが国民経済における交換の行為から人間の類的活動としての相互的な補完行為を引き出したのではなく、むしろ逆にマルクスが人間の社会的本質としての類的活動の存在を想定し、それを前提として、スミスらの国民経済学の中心的概念である交換および商業のうちに人間に本来備わっている類的活動の表現を見出したということである。しかし、こう語る論者もいよう。すなわち、「人間の本質」とか「類的生活」なる言葉はフォイエルバッハ的な哲学的概念であって、それゆえマルクスはここでは哲学者として振舞っているのである、と。こうした主張に対しては、次のように答えておかなければならない。確かに、これらの言葉はフォイエルバッハから引き継いだものであるが、それらの言葉の内実は、たとえば、共同的存在が「現実の生きた諸個人」でなければならないとされ、類的活動が「社会的活動」と言い直されているように、『ドイツ・イデオロギー』で確立された唯物論的歴史観に基づく現実的な内容を表わしている。しかし、それらの概念は科学的・実証的概念というよりも価値的な意味合いを持つ批判的な概念であると言ったほうがいいであろう。この引用文のやや後にある次の文は「社会的な交通」という表現を用いてこれと同じ意味内容を表わしている。

「したがって、交換すなわち交換取引は、私的所有の枠内での人間の社会的な行為、類的行為、共同存在（Gemeinwesen）、社会的な交通、統合である。またしかるがゆえに、それは外的な、外化された類的行為である。まさにこういった理由で、この類的行為が交換取引となって現われるのである。またそれだから、交換取引は社会的な関係の反対物である。」（ebenda, S 454, 同上一〇二）

すなわち、交換は私的所有の枠内での類的行為、社会的な交通であり、したがって、交換は外化された類的行為である。だから、交換取引は社会的な関係の反対物である。こう述べた時の社会的な関係とは類的な関係と言い換えることもできるものであり、実現されるべき概念である。そういう意味では、それは客観的であるだけでなく、価値的、批判的概念であると言っていい。なお一般的には、ゲマインシャフト〔共同体〕的な関係とは異なる意味でのゲゼルシャフト〔社会〕的な関係とは、共同体的な絆を断ち切られてバラバラに孤立した諸個人がそれによってかえって自立し様々な個性を発達させ、多様な諸個人が再び繋がり合って作り出した一連の諸関連のことであり、それ自体否定的に捉えられるべきものではなく、新たに豊かに発展した共同体的な関係の創造のための条件を作り出すと考えられていることに留意されたい。

以上を総括してマルクスは、次のように結論する。

「ごらんのように、国民経済学は社会的交通の疎外された形態を、本質的で根源的な、した

がって人間の人間としてのありかたにふさわしい形態として固定している。」(ebenda, S. 453, 同上九八頁)

ここに「ミル評註」の疎外論[1]の核心が手短かにまとめられている。すなわち、交換取引、商業は社会的交通の疎外された形態であり、国民経済学はこれを社会的交通の人間的な形態と見做している、ということである。ここで「交通(Verkehr)」という外延の広い概念が用いられたのは、生産物の交換や「活動そのものの相互的な補完と交換」となって現象する「分業(Teilung der Arbeit)」(ebenda, S. 456, 同上一〇四頁)のような交換という特殊な活動だけでなく生産や労働のような広い意味での経済的な活動を表わす概念をマルクスが欲していたからであろうと思われる。のちに『ドイツ・イデオロギー』で生産関係の意味で「交通形態」という概念を一時的に用いていたのも同じ理由からであろう。

ここまでのマルクスの議論を振り返ってみると、はじめに貨幣疎外論を提示し、次に共同的存在としての類的存在論、続いて社会的交通の疎外論へと進んできた。そしてここにきてマルクスは再び貨幣疎外論に立ち戻る。すなわちマルクスはまず①私的所有が相互に外化し、②私的所有の等価物としての現存在を獲得し、こうして③私的所有が交換価値の現存在に転化して価値という外化の規定を得る過程を辿る。次にこの三段階の過程をマルクス自身の言葉によって示していこう。

①「私が自己の私有財産を誰か他のものに譲渡すると、それは私のものであることをやめる。それは私から独立した、私の領分の外にある事物（Sache）、つまり私にとって外的な事物になる。このようにして、私は私の私的所有を外化するのである。」（ebenda, S. 453, 同上九九頁）

②「私有財産を互いに外化することによって、つまり疎外することによって、私有財産そのものは外化された私有財産という規定を受けることとなった。というのはこうである。……第二に、この私有財産は他の私有財産と関係づけられ、これと等置されている。……かくて、私有財産の私有財産としての現存在は代理物（Ersatz）、つまり等価物（Äquivalent）になる。」（ebenda, S. 454, 同上一〇一～一〇二頁）

③「自己自身との直接的統一においてある代わりに、私的所有は今では他の私的所有に対する関係として存在するにすぎない。等価物としての私的所有の現存在は、もはやそれに固有の現存在ではない。かくて私的所有は価値に、直接には交換価値になる。」（ebenda, S. 454-455, 同上一〇二頁）

以上からマルクスによる貨幣導出の論理は次のようにまとめることができるだろう。「ここにおける貨幣の必然性、貨幣導出の論理は、①商品交換＝双方の側からの『私的所有の外化』→②私有財産の等価＝等価物化→③私有財産の価値化→その価値の向自的定在としての貨幣、という脈絡をもっている。いうまでもなく、この貨幣導出の論理には『資本論』におけるがごとき理論的厳密性は見られない。しかしながら、ここで注目されるべきは、商品交換から、価値の自立的定在としての貨幣を必然的なものとして捉えようとする視座が一応それなりに存在すること、これである(2)」

次にマルクスは、「交換の関係を前提すると、労働は直接に営利労働（Erwerbsarbeit）になる。疎外された労働のこの関係は、……」（ebenda, S. 455, 同上一〇二頁）と述べ、営利労働につねに潜んでいる事態を、次のようにまとめている。

「（一）労働の労働主体からの疎外と偶然性。（二）労働の労働対象からの疎外と偶然性。（三）社会的諸欲求による労働者の規定。だがこの社会的諸欲求は労働者にとっては疎遠でかつ強制に等しい諸欲求であって、彼がこの強制にやむをえず服従するのは、利己的な欲求からである。……（四）労働者にとっては、彼の個人的生存を保持することが、彼の活動の目的となって現われ、彼の真に現実的な行為は、手段と見做されるということ、すなわち、彼が自己の生命を活動させるのは、生活手段を稼ぐためでしかない、ということ。」（ebenda, S. 455, 同上一〇四頁）

ここで「疎外された労働(3)」と呼ばれた営利労働の四つの規定のうち第一規定と第二規定はそれぞれ『経哲草稿』での疎外された労働の第二規定と第一規定に相当する。第三規定は、営利労働が社会的であるが利己的な欲求に規定される強制であること、第四規定は、営利労働が生活手段を稼ぐための手段であること、を示している。第三規定と第四規定の内容からわかるように、営利労働は一般に商品を生産する労働の規定である。それは次に続くマルクスの言葉からも明らかである。

「したがって、私的所有関係の内部では、社会的な力が増せば増すだけ、また、それが完成に向かえば向かうだけ、人間はいっそう利己的になり、没社会的になり、人間固有の本質からますます遠ざかる。人間的活動の生産物の相互的な交換が交換取引、暴利商業となって現象するように、活動そのものの相互的な補完と交換とは分業となって現象する。分業は人間をトコトンまで抽象的な存在に、つまり旋盤などにしてしまい、遂には彼を精神上、肉体上の不具者に変えるのである。社会的な本質（gesellschaftliche Wesen）がもっぱらその反対物として、つまり疎外の形態で現存するのだから、まさに人間的労働の統一性は、ひたすら分割と見做される。文明の進歩につれて分業は高度化する。」（ebenda, S. 456, 同上一〇四～一〇五頁）

すなわち、商品生産社会では、多様な生産物が生産されるが、それは各人がそれぞれ異なる特殊な生産物をつくる社会的分業によって可能となる。こうして各人の細分化された労働は没社会的となり、人間の社会的本質は細分化された労働の統合、編成としての分業となって現われる。そして以上の議論から、私的所有の支配する社会は交換取引が行われる社会、すなわち商業社会であり、商業社会では労働は営利労働という疎外された労働となるとともに細分化された労働に分割され、遂には分業によって人間は不具者となってしまうことが明らかにされた。さらに分業は次の文が示すように事物〔物象〕の人格に対する支配を招来する。

「分業を前提すれば、その内部では、私的所有の素材をなす生産物は、個々人にとってますます等価物たるの意義を帯びる。……等価物は、等価物としての自己の実存を、貨幣という形で受け取る。いまや貨幣が営利労働の直接の結果であり、交換の仲介者である。……いまや貨幣において、つまり私的所有の素材の本性や私的所有の特有の本性に対して、またさらに私的所有者の人格性に対してもまったく無関心なものたる貨幣において、疎外された事物〔物象〕の人間にたいする完全な支配が出現している。人格の人格に対する支配として在るものが、いまや事物〔物象〕の人格に対する、つまり生産物の生産者に対する普遍的な支配となっている。等価物、価値の中にすでに私的所有の外化という規定が存在していたように、貨幣はこの外化の感性的な、文字どおり対象的な現存在である。」(ebenda, S. 456, 同上一〇五頁)

このように改めて分業のもとで私的所有が等価物として現れることが指摘され、貨幣がそれの実存形態であることが明らかにされる。先に私的所有の支配のもとで交換の仲介者としての貨幣が人間を支配する神となっている本源的な関係の転倒と指摘されたが、いまや、すなわち分業と営利労働の支配が明らかにされるに及んで、この転倒性は貨幣という事物〔物象〕の人間、人格にたいする普遍的な支配であることが明示された。ここに至って「ミル評註」のはじめの箇所で提示された貨幣疎外論は理念的批判から一歩進んで事実の分析に基づく貨幣物神論あるいは『資本論』で彫塑される物象化論の萌芽の様相を呈してきたと言えるのではないか。
以上をまとめれば、「ミル評註」の疎外論はこうした進展があるものの、貨幣を社会的本質の疎外、また社会的交通の疎外として捉える理念的批判を基本としている。この点で「ミル評註」の疎外論は、『経哲草稿』の第一草稿で展開された、人間を全自然を非有機的身体とする類的存在論とは対照的に、社会的交通をむすぶ社会的存在（geselliges Wesen）または社会的本質（gesellschaftliche Wesen）としての類的存在論を根底に置いて立論されているということができる。このような社会的関連を創造する社会的存在としての人間把握については『経哲草稿』の第三草稿でさらに展開されるので、章を改めて検討しよう。

注

（1）中川弘氏は「ミル評註」の疎外論を次のように的確に纏めている。「『ミル評註』における人間的本質の疎外分析は、なによりもまず人間が社会的存在であること、人間個体ではなく社会的存在としての人間を前提として、『真に共同的な存在』としての人間の本源的共同関係が、私的所有者＝商品所有者としての人間の分裂・対立となって解体していること、社会的交通が商品交換という疎外された形態において営まれていること等、総じて、社会関係そのものが、その本源的姿を喪失している、との認識を出発点とし、物象の疎外、労働の疎外を論ずる際もその認識を基調とし、そこから各人の労働の疎外、各人が物象から疎外され、貨幣を物神崇拝するようになる必然性が説かれているのである。」（中川弘、前掲書五七頁）「ミル評註」の疎外論をこのように社会的存在としての人間の疎外、社会関係のの疎外として捉える氏の視角は、一方で『経哲草稿』の労働疎外論を階級関係、支配ー従属関係としての人間の疎外として捉える見方と相俟って氏独自の初期マルクスの疎外論把握を構成している。筆者の考えでは、「ミル評註」における商品ー貨幣関係における疎外と『経哲草稿』の「第一草稿」における資本ー賃労働関係における疎外との本質的な連関を把握することが近代ブルジョア社会の経済構造を解明する鍵であるとの認識がすでに「第一草稿」の段階でマルクスにあった。したがって、「第一草稿」の階級関係把握と「ミル評註」の社会関係把握を前者から後者への認識の発展・進化または中川氏のように前者と後者の並行的進行と見做す見解を筆者は採らない。むしろ筆者はマルクスは前者と後者の一体把握を行おうとしたと考える。

（2） 中川弘、前掲書五五頁。

（3） 韓立新「疎外された労働と疎外された交通」（岩佐茂編『マルクスの構想力』社会評論社、二〇一〇年、第二章）によると、『経哲草稿』の第一草稿とは異なり、「ミル評註」にはもはや「疎外された労働」概念は登場しないという。以下がその主張である。「『ミル評註』断片に登場する概念は、もはや『疎外された労働』ではなく、貨幣、信用、交換などである。」（同書五四頁）しかし、このように断定するのは正確ではない。というのは、マルクスは次に示すように「ミル評註」のなかで「疎外された労働」という言葉を用いているからである。「交換の関係を前提すると、労働は直接に営利労働（Erwerbsarbeit）になる。疎外された労働のこの関係は、次の事態を通じてはじめて完全に展開される。」（MEGA, IV/2, S. 455.『経済学ノート』一〇二頁）ここでマルクスは「疎外された労働」を「営利労働」と見做し、これにつづいて「営利労働」の四つの規定を「疎外」という言葉を用いて説明している（vgl. ebenda, S. 455, 同上一〇四頁）。一方、「疎外された労働」を主として分析対象とした第一草稿の前段の「労賃」の欄においても次のように労働〔後に「断片」において「疎外された労働」と表現される〕は「営利活動（Erwerbstätigkeit）」と見做されている。「労働は、国民経済学では、ただ営利活動という形態をとってしか現われないのだ。」（MEGA, I/2, S. 333.『経済学・哲学草稿』一二八頁）つまりパリ時代のマルクスは、交換を目指す労働も資本を生み出す賃労働も同じく「営利労働（活動）」のもとに統一的に捉え、それを「疎外された労働」と呼んでいたわけである。たとえ、「ミル評註」の主たる分析対象が「疎外された交通」にあったとしても、このことに変わりはないことは確かである。

　ところで、韓氏とは正反対に、「ミル評註」でマルクスが営利労働に言及していることから、そこではマルクスは価値を賃労働をもって捉えはじめていると主張する次のような見解がある。「私的所有というものが前提されるならば、そこでの労働は、商品生産のための営利労働であり、それが等価物の生産・価値物の生産というように規定されるのである。このことは、マルクスが価値という概念を現実の賃労働をもって捉えはじめたことを、即ち価値という概念をもって現実の私的所有の関係の再構成に出発しはじめたことを暗示するものだとも言うことができるだろう。」（山辺知紀「『経済学・哲学草稿』と『ミル評注』―疎外論から価値論へ―」『金沢大学法文学部論集・経済学編』二六号、一九七九年、三八頁）確かにマルクスは『経哲草稿』の第一草稿における「疎外された労働」論で私的所有を疎外された労働から導出したので、私的所有の私的所有との関係――価値関係および貨幣制度――を概念把握することが次の作業であると考えて「ミル評註」を書いたと推察することができる。というのは、これによって疎外された労働（賃労働）と貨幣制度の本質的連関が解明されるからである。すなわち、マルクスは「疎外された労働」論と「ミル評註」を書くことで、資本―賃労働関係の視角と商品―貨幣関係の視角を統一し、私的所有の関係を概念把握することを目指したのであると言ってよい。しかし、これらの二つの関係の統一的理解の試みは表象の上では可能であったけれども概念の上では可能ではなかったというのが実情ではないか。

補論(二)　マルクスによる「疎外」、「外化」および「譲渡」の概念の用法

「ミル評註」においては「外化（Entäusserung）」および「外化する（entäussern）」は、「私的所有の外化（Die Entäusserung des Privateigentums）」、「私的所有を外化する（entäussern das Privateigentum）」または「外化された私的所有（das entäusserte Privateigentum）」という表現で用いられる場合が圧倒的に多い。そのうち第二例の意味をマルクスが説明した文があるので、まずそれを、再度であるが、提示しておこう。

「私的所有を喪失したり、私的所有を放棄したりすることは、とりもなおさず私的所有そのものを外化するだけでなく、人間を外化することである。……私が自己の私有財産を誰か他のものに譲渡すると、それは私のものであることをやめる。それは私から独立した、私の領分の外にある事物（Sache）、つまり私にとって外的な事物になる。このようにして、私は私の私的所有を外化するのである。」（MEGA, Ⅳ/2, S. 453,『経済学ノート』九九頁）

見られるように、ここでは「(～を)外化する」が「(～を)放棄、譲渡する」という意味を表わしていることは明らかである。このように「外化」は「譲渡する（veräussern）」に近い経済的な意味で用いられている。こうした用法は、以下に示すように『経済学批判』にも見られる。

「諸商品は、直接には個別化された独立の私的労働の生産物であって、これらの私的労働は、私的交換の過程でのその外化によって、一般的社会的労働であるという実を示さなければならない。」（MEW, Bd.13, S. 67）

それに対して、「疎外する（entfremden）」、「疎外（Entfremdung）」は、以下のような表現で用いられている。

①「この共同的存在（Gemeinwesen）は疎外の形態（der Form der Entfremdung）のもとにあらわれる」（MEGA, Ⅳ/2, S. 452, 同上九七頁）

②「社会的交通の疎外された形態（Die entfremdete Form des geselligen Verkehrs）」（ebenda, S. 453, 同上九八頁）

③「貨幣の本質は、……人間的・社会的行為が疎外されて（der menschliche, gesellschaftliche Act entfremdet wird）、それが人間の外に在る物質的な物・貨幣の属性になっている点にある。」（ebenda, S. 447, 同上八七頁）

これらの用例でも分かるように、疎外されている主体――①「共同的存在」、②「社会的交通」、③「人間的・社会的行為」――はいずれも「本来的な」、「本質的な」または「価値のある」という性質をもっている。したがって、それらが「疎外される」とはそれらの「本来的な」、「本質的な」、「価値のある」性質が失われることを意味することになる。このように「疎外」は「本来的なものを失う」という意味合いを持って哲学的・倫理学的に用いられている。

以上が「ミル評注」における「外化」と「疎外」の意味と用法の基本的な違いである。しかし、それはあくまで基本的な相違であって、例外的に「外化」が「疎外」の基本的な意味で、逆に「疎外」が「外化」の基本的な意味で用いられている場合がある。[1]前者の例としては『経哲草稿』の第一草稿の「断片」で「疎外された労働」という言葉が頻繁に「外化された労働」と言い換えられている事例が挙げられる。また後者の例は「ミル評註」にある次の表現に見られる。

「私有財産を互いに外化することによって、つまり疎外することによって、私有財産そのものは外化された私有財産という規定を受けることとなった。」(ebenda, S. 454, 同上一〇一頁)

ここでは「私有財産を互いに外化すること」の「外化すること」を「疎外すること」と言い換えているが、これによって「疎外する」が「譲渡する」という「外化」の基本的な意味で用いられていることは明らかであろう。なお「譲渡する（veräussern）」と「外化する（entäussern）」の間にも微妙な違いがあることは、次のマルクスの表現のうちに確認することができる。

「譲渡は外化の実践である（Veräußerung ist die Praxis der Entäußerung.）（MEW, Bd.1, S. 376.）

すなわち「外化」は人間の行為そのものを示す言葉ではなく、「譲渡する」という人間を主体とした行為を私有財産という物から見た側面を表わしているということができる。ただし、次の『経哲草稿』と『要綱』の表現に見られるように、「疎外する」、「外化する」および「譲渡する」の三つの語は同じ意味を表わす場合もあることが分かる。

「貨幣が一切の人間的および自然的な性質を倒錯させること、できないことごとを兄弟のように親しくさせること――神的な力――は、人間の疎外された、外化されつつあり自己を譲渡しつつある（entfremdeten, entäussernden und sich veräussernden）類的本質としての、貨幣の本質の中に存している。貨幣は人類の外化された能力である。」（MEGA, I/2, S. 437,『経済学・哲学草稿』一八三～一八四頁）

「ここで強調されるのは、対象化されているということ（Vergegenständlichtsein）、ではなくて、疎外され、外化され、譲渡されているということ（Entfremdet-,Entäussert-, Veräussertsein）、である。」（MEGA, II/1.2, S. 698,『資本論草稿集2』七〇六頁）

前の引用文では貨幣が人間の疎外された類的本質であることを表現する際に、「外化されつつある」と「自己を譲渡しつつある」という言葉が「疎外された」という言葉と同意義で用いられている。また後の引用文では資本主義的生産においては労働が対象化されているばかりではなく、労働が疎外されているという事実を表現する際に、「外化する」と「譲渡する」が「疎外する」の意味で用いられているのである。

以上見てきたように、「疎外（Entfremdung）」、「外化（Entäusserung）」、「譲渡（Veräusserung）」の三つの語は、それぞれこれまでに示してきたような固有の意味を持ちながらも、そのいずれもが他の語の固有の意味でも用いられるという点でいわば同意語に近い類語ということができるのではないかと思われる。

注

（1）この点だけに焦点を当てて初期マルクスでは「外化」と「疎外」が区別されていないとする見方が存在する。たとえば、次の見解がそうである。「ヘーゲルへのコメントも含め、『第三手稿』では、疎外・外化は『第一手稿』のように否定的形態においてとらえられているだけでなく、そのうちに含まれている肯定的契機が積極的にとらえられている。だが、まだ疎外と外化の概念の区別立てはなされていない。それがなされるのは『経済学批判要綱』においてである。」（岩佐茂「疎外論の基本的な枠組み」、『マルクスの構想力』前掲、第一章、二四頁）またそれを受けた次のような見解も同様である。「たとえば、第一手稿やミル評註における自らの活動の所産が逆に自らに敵対してくるという疎外のとらえ方は、たしかに後期の物象化論、疎外論に継承されていく発想であるが、外化と疎外の区別がなされていないために、自らがコントロールできない物象的関係の存立を『感性』や『人間的本質』の立場から理念的に批判することだけが問題となっているように解釈されかねない。」（佐々木隆治「『経済学批判要綱』における疎外と物象化」、『マルクスの構想力』前掲、

第五章、一三五頁）しかし、「外化」と「疎外」の用語の区別立てがすでに「ミル評註」で厳密に行われていることは本文で見たとおりである。すなわち、「外化」の基本的な意味は、人間の側ではなく生産物の側から見た生産物ないしは商品の譲渡であり、したがって「外化」は価値的な概念ではなく客観的な概念である。それに対して、「疎外」の基本的な意味は、事物または人間の本来的な状態が失われていることを示す。そうした意味では「疎外」は客観的な概念であるとともに失われた本来の状態を回復すべきだという意味を含む価値的な概念でもある。すなわち「疎外」概念は両方の概念を含む点で批判的概念なのである。

補論（三）　ヘス「貨幣体論」のマルクスへの影響

ヘスの論稿「貨幣体論（Über das Geldwesen）」は、当初一八四四年に発行された『独仏年誌』に発表される予定だったため、同誌の編集者（おそらくマルクス）のもとへ送られた。しかし、結局のところ同誌には掲載されず、翌一八四五年に『ライン年報』第一巻に掲載された。そのため、マルクスは「ミル評註」の執筆以前にヘスのこの論文を印刷されたものとしては読むことはできなかったが、おそらく原稿は読んだものと思われる。[1] ここでヘスのこの論文を取り上げるのもこのような理由からである。ヘスの貨幣論の特徴は、「ユダヤ人問題によせて」のマルクスと同様に貨幣ないしは商業を宗教の地上における実現だと捉える点である。ヘスはこの思想を次のように表わしている。

「近代の商業世界の損失である貨幣は、キリスト教の実現態である。小商人国家、いわゆる『自由』国家は約束された神の国であり、小商人の世界は約束された天国である。」（Moses Hess, Philosophische und Sozialistische Schriften 1837-1850, hrsg und eingeleitet von Wolfgang Mönke, Topos Verlag, 1980, S. 337, モーゼス・ヘス／山中隆次・畑孝一訳『初期社会主義論集』未来社、一九七〇年、一三四頁）

この思想は、「この物質化されたキリスト教の精神すなわち神たる貨幣」（ebenda, S. 341, 同上一四三頁）という表現に端的に現われている。要するに、ヘスにとっては貨幣は小商人の世界の神なのである。そしてここまでは、「ユダヤ人問題によせて」の第二論文を書いたマルクスと同じ地平に立っているが、「人間の交通を人間の活動の場である」（ebenda, S. 330, 同上一一八頁）と見做す点ではヘスはすでに「ミル評註」のマルクスに達している。ヘスは「社会における交通（Verkehr）」を「人間がその社会的生命活動を相互に交換する領域」として捉える（ebenda, 同上一一七頁）。すなわち「人間の交通」は「人間的本質」であり（ebenda, S. 331, 同上一一九頁）、それは「社会体（socialer Körper）」（ebenda, S. 330, 同上一一六頁）である。このようなヘスの貨幣論の根底にある思想は次の言葉に典型的に現われている。

「交通こそ人間の現実的本質であり、しかもそれは人間の理論的本質たる現実的生命意識であり、同様に人間の実践的本質たる現実的生命活動である。思考と行動はただ交通から、諸個人の協働（Zusammenwirken）からのみ生ずる。そしてわれわれが神秘的に『精神』と呼んでいるものも、まさにこのようなわれわれの生命を養う大気であり、活動の場であり、この協働である。」（ebenda, S. 331, 同上一一八頁）

「交通」の概念はヘスにおいては、生産物の交換にとどまらず、古代の略奪なども交通概念でとらえられており（例えば「交通の最初の形式が略奪だけであった」（ebenda, S. 333, 同上一二四頁）という表現が見られる）、広く人間の交換活動を表わす概念であると解した方がよい。この意味での「交通」の概念は『ドイツ・イデオロギー』でも「交通形態」や「交通関係」などの概念に採用されている。また「協働」の概念も「社会的労働」を表わす概念として採用されている。またヘスは「生産力」という概念をも使用しており、経済的なカテゴリーに関するかぎりでは、マルクス・エンゲルスの先を行っていたが、しかし、例えば、先の引用文において「精神」という言葉を引き合いに出しているように、いまだ叙述の仕方が観念論的である。

このような欠点があっても、ヘスは、例えば①「類的生活は貨幣である」（ebenda, S. 334, 同上一二七頁）、②「貨幣は相互に外化された人間の産物であり、外化された人間である」（ebenda, S. 335, 同上一三〇頁）、③「貨幣は社会体を、有機的な類的生活を、社会的交通を代表すべきものである」（ebenda, S. 343, 同上一四八頁）および④「政治経済学の原理によれば、貨幣は一般的な交換手段であり、したがって生活の媒介物……である」（ebenda, S. 335, 同上一二九頁）などの言葉においてはマルクスと共通の視点に立っており、これらの表現に現われたヘスの貨幣理論は「ミル評註」のマルクスに一定の影響を与えたのではないかと推測することは可能である。

注

（1）この点については、『初期社会主義論集』前掲、一七九頁を参照。

第六章　『経済学・哲学草稿』「第二、第三草稿」の疎外論

第一節　『経済学・哲学草稿』「第二草稿」の資本―労働関係把握

「第二草稿」は、マルクスの頁づけで四〇頁から四三頁までの終わりの四頁分だけが残っている。旧MEGA編集者はこの草稿に「私的所有の関係」という題を付けた。その内容は、次の三つに分けられる。①労働者商品論、②私的所有の関係、③土地所有の支配から資本の支配への転化。以下、この順序に従って内容を検討する。

まず冒頭で労働と資本の関係が次のように表現される。

「労働とは自己にとって失われた人間であるということが、資本のところに客体的に存在するのと同様に、資本とはまったく自己にとって失われた人間であるということが労働者のところに主体的に存在する。」(MEGA, I/2, S. 248,『経済学・哲学草稿』一〇七頁)

この言葉は、「第一草稿」の末尾で、同じ人間疎外が労働者のその活動に対して現われるのと同様に、非労働者〔資本家〕の労働者の生産物に対する所有関係においても現われる、と主張さ

れたことの具体的な内容を表わしている。しかもここで私的所有の関係が主体としての労働と客体としての資本の主体－客体関係として捉えられていることに注意する必要がある。資本主義的な私的所有の関係のこうした捉え方は、のちの『要綱』でも『資本論』でも維持されている。

次にマルクスは以下の表現で労働者商品論を展開する。

「資本としては、労働者の価値は需要と供給とにつれて上昇するし、彼の現存、彼の生命もまた、他のすべての商品と同様に、商品の供給〔として〕物的に理解されたし、現在も理解されている。労働者は資本を生産し、資本は労働者を生産する。したがって労働者は自分自身を生産するのである。そして労働者としての、商品としての人間が、全運動の産物なのである。」(ebenda, 同上)

ここでは「第一草稿」の「断片」で示された労働者商品論が改めて展開され、労働者の価値が物的商品の価値と同様に扱われている実態が暴露されている。それと同様に、労働者はまわりまわって自分自身を生産すると言明することによって、労働者は労働と資本の関係である資本主義的生産関係を再生産することをも明らかにしている。このことはすでに『経哲草稿』の段階でマルクスが資本蓄積の基本を把握していたことを物語っている。

次にマルクスは国民経済学が資本の人間に対する無関心をそのまま素直に語っているとして、次のように述べる。

「それゆえ国民経済学は、就業していない労働者、この労働関係の外部にいるかぎりでの労働人間を認めない。これらは国民経済学にとっては実存せず、ただ他の者の目に対してだけ、即ち医者、裁判官、墓堀人、乞食狩り巡査等の目に対して実存する者どもであり、国民経済学の領域外にいる亡霊たちである。」（ebenda, 同上一〇八〜一〇九頁）

この言葉は、資本にとって人間は、それが労働者である限りでのみ関心があること、すなわち資本は労働者を利潤を生みだす道具としてしか、すなわち、生産に必要なその他の物、原料や機械などの労働手段と同様に物としてしか見ていないことを国民経済学を通して告白していることを明らかにしている。この点で資本主義的生産がいかに非人間的かが如実に表現されている。しかし、労働者は人間、生命だから「死滅しないように」生かしておかなければならない。それゆえ、そのために必要な労賃を労働の報酬として彼らに支払わねばならない。

「したがって労賃は、他の一切の生産用具の維持、修繕、また資本一般の、利子を伴って再生産されるに必要な消耗、車輪を回転させるために使われる油などと、まったく同じ意味を持っている。だから労賃は、資本および資本家たちの必要経費に属しており、そしてこの必要〔やむをえず要する〕ということが要求する範囲を超えてはならないのである。」（ebenda, S. 249, 同上一〇九頁）

したがって、労賃は生産に必要な他の経費とともに必要経費にすぎないのだから、できるだけ低く抑えることこそが資本にとっての至上命令となる。このようにして国民経済学は労働者を単なる労働人間、労働する機械としてしか見ていない。だから労賃は機械を円滑に動かすために必要な潤滑油と同様である。この点からマルクスは次のように資本主義的生産は人間商品を生産すると主張する。

「生産は人間を、一つの商品、人間商品、商品という規定における人間として生産するばかりでなく、この規定に対応して、生産は人間を、精神的にも肉体的にも非人間化された存在として生産する。……人間商品……。スミスやセイにたいするリカード、ミル等の大きな進歩、それは、人間の現存を——商品の大なり小なりの人間生産性を——どうでもよいもの、さらにまた有害なものとして説明していることだ。」(ebenda, 同上)

資本主義的生産は、人間を商品として、労働者商品として生産するがゆえに、それは人間を非人間化された商品として生産する。すなわち、人間は労働者商品としては機械と同様にこき使われ、分業によって不具者となり、働けない身体になれば簡単に解雇される偶然的な存在となる。マルクスは、リカードやミルらの進歩は、人間の現存のあり方をどうでもよいこととみなし、資本がどれだけ多くの利潤を産むのかをひたすら追求することを、しかも労賃を引き下げることによってそれを実現することを当たり前のように主張する点にあるとする。こうした資本の非人間的な本質をありのままに平然と認める彼らのシニシズムをマルクスは進歩と見做すのである。こうして

「私的所有の関係は、労働としての私的所有の関係と資本としての私的所有の関係、およびこれら両方の表現相互の関連とを自分の中に潜在的に含んでいる。」(ebenda, 同上一一〇頁)

対立するのは一方では労働であり、「人間的活動が、労働として、したがって自分には全く疎遠な、人間や自然に全く疎遠な活動、だから意識や生命発現にとって全く疎遠な活動として、生産されること、人間が、たんなる労働人間として、したがって毎日その充実した無から絶対的な無へ、彼の社会的な、それゆえにその現実的な非現存へと転落するかもしれないものとして、抽象的に実存すること」(ebenda, S. 250, 同上) である。

他方では「人間的活動の対象が、資本として、すなわちそこでは対象のすべての自然的および社会的な規定性が解消され、私有財産がその自然的および社会的な質を失ってしまっている(したがってすべての政治的および社交的な幻想が失われて、見せかけの人間的な諸関係がまったく混っていない)――そこではまた同一の資本は、多様をきわめた自然的および社会的な現存のなかで同一のままにとどまっており、その現実的な内容に対してまったく無頓着である――そういう資本として生産される」(ebenda, S. 250, 同上)。

すなわち、人間的活動が労働として、すなわち単なる労働力の支出として、その対象の自然的内容を捨象された活動として、生命発現ではなく生命外化として生産され、他方では人間的活動の対象が資本として、すなわちその現実的な自然的、社会的内容を捨象された価値として生産される。これらの双方とも無内容な労働と資本の対立した関係が私的所有の関係である。

「こうした対立が極端にまでおしすすめられるとき、それは必然的に〔私的所有の〕全関係の極点、頂点となり、そしてその没落となる。」（ebenda, 同上一一〇～一一一頁）

しかし、そこに至るまでに資本が進まなければならない道程がある。すなわち、土地所有者を資本家へ転化する過程である。国民経済学者は、地代を主として差額地代としたことで「地代としての地代」は「その身分的差別」を失い、「資本と利子」とになった、と指摘する（ebenda, 同上一一一頁）。また「資本と土地との区別」が「本質的な重要な区別」として成立するのは、「工業（都市生活）が土地領有（貴族的な封建的生活）に対立して形成され」、「自由に放任された資本にまで」到達しなければならない（ebenda, 同上一一一～一一二頁）。土地所有者が資本家に転化するために通らなければならない媒介は、借地農の存在である。「したがって地主は本質的にはすでに、借地農において普通の資本家となっているわけだ。そしてこのことは、実際にも遂行されずにはおかず、農業を経営している資本家――借地農――が地主となるか、あるいはその逆のことが起こらずにはおかない」（ebenda, S. 253, 同上一一二～一一三頁）。こうして、

「発展の現実的な進行から、（ここに付け加えるならば）資本家すなわち完成せる私的所有の、未完成な中途半端の私的所有つまり土地所有者に対する必然的な勝利がやってくる。」（ebenda, S. 255, 同上一一六頁）

すなわち、言い換えれば、「資本から区別された土地所有は、なおまだ地方的な、そして政治的な偏見に取りつかれている私的所有であり、……なおまだ未完成な資本である。それは自分の世界を形成する経過のなかで、自己の抽象的な、すなわち純粋な表現〔資本―引用者〕に到達しなければならない。」（ebenda, 同上一一七頁）

そして最後に「私有財産の関係は、労働、資本、およびこの両者の関係である」（ebenda, 同上）と指摘され、この両者は次の三段階を通過しなければならないと提示される。

「第一に、――両項の直接的な統一と媒介された統一。

資本と労働は最初はまだ一つになっている。つぎに確かに分離され、疎外される（entfremdet）が、しかし積極的な諸条件として、相互に助長しあい、促進しあう。両項の対立、それらは相互に排除しあう。労働者は資本家を自分の非現存として知るが、その逆もまた同様である。双方とも他方からその現存を奪い取ろうと努める。各自の、自己自身に対する対立。資本＝集積された労働＝労働。このようなものとして、資本は自己とその利子とに分解し、同様にまた利子は利子と利得に分解する。資本家の徹底的な犠牲。かれは労働者階級へと没落し、同様に労働者は――しかしただ例外的にのみ――資本家になる。」(ebenda, S. 255, 同上)

ここで注目しなければならない点は、資本と労働の第一段階である。両項は最初はまだ一つになっているが、つぎに分離され、疎外されると見做されている。両項が一つになっている段階とは、まだ資本と労働が分離せず、一体となっている段階であり、歴史的には、資本の本源的蓄積が行われる前の段階であると言ってよい。それは労働が土地所有と分離せず、土地と癒着していた封建時代を指す。この時代をあえてマルクスは資本と労働の関係の第一段階と見做しているが、現実的にはこの時期には独立した資本も労働も存在しない。それらが存在するようになるのは、第一段階の、それらが分離、疎外された段階、すなわち資本の本源的蓄積が行われて、労働が土地所有と分離され、裸の労働力として市場に投げ出された時期においてである。したがって、マルクスが第一段階の両項の「媒介された統一」として両項が分離され、疎外された段階を挙げたことは、マルクスが概念としては認識してなくても「資本の本源的蓄積」の段階があることを表象していたと言うことができるだろう。そうであれば、第一章で「疎外された労働」論を資本蓄積論と関連づけた筆者の推測が正しいことが、このマルクスによる資本と労働の「媒介された統一」の概念によって裏付けられたと見做すことができるであろう。

第二節　『経済学・哲学草稿』「第三草稿」の疎外論

はじめに

マルクスは『経哲草稿』の「第一草稿」後段の「断片」で、次のように書いている。

「こうして疎外された労働は、（三）人間の類的存在を、すなわち自然をも人間の精神的な類的能力をも、彼にとって疎遠な本質とし、彼の個人的生存の手段にしてしまう。疎外された労働は、人間から彼自身の身体を、同様に彼の外にある自然を、また彼の精神的本質を、要するに彼の人間的本質を疎外する。」（MEGA, I/2, S. 370,『経済学・哲学草稿』九七～九八頁）

この文の眼目は「疎外された労働が人間的本質を疎外する」という表現にある。しかし「人間的本質の疎外」のあり方、状態は「断片」には具体的に明らかにされていない。ではそれは『経哲草稿』のどこに述べられているのか。それは「第三草稿」においてである。というのは、そこでは、先の引用文にもあるように、私的所有の下で疎外された労働、すなわち物質的産業が「自然をも人間の精神的な類的能力をも人間の個人的生存の手段にしてしまう」様子が具体的かつ明確に述べられているからである。なお「第三草稿」自体には「人間的本質の疎外」という表現は用いられていないが、それと類似の言葉や疎外の思想を表わす文章は数多く出てくる。この疎外を表わす具体的な言葉を示せば、「疎外された人間的生活（entfremdeten menschlichen Leben）」（MEGA, I/2, S. 389, 同上一三二頁）および「現実的生活の疎外（Entfremdung des wirklichen Lebens）」（ebenda, S. 390, 同上）という表現を挙げることができる。また疎外された人間的生活は「私的所有の生活」（ebenda, S. 392, 同上一三七頁）とも呼ばれているので、それは文字通り私的所有の下での生活を指す。ではそれはどのような生活なのか。それは次のマルクスの言葉からすれば、実利的かつ有用な対象を所持したがる功利的な生活であると言ってよいだろう。

「通常の物質的な産業……において、われわれは感性的な、疎遠な、有用な諸対象という形態のもとで、疎外という形態のもとで、人間の対象化された本質諸力を見出すのである。」(ebenda, S. 395, 同上一四一〜一四二頁)

こういうわけで、本章において筆者は「第三草稿」の内容を「疎外された人間的生活」という視点から分析していく。その際には重要な思想が含まれている文章をパラフレーズし、解読するという手法を採った。というのは、第一に、「第三草稿」の文章は難解で、その思想も把握しがたい面があり、したがってその思想内容を読者に分かるように解読する必要があるからである。第二に、これまで出版された日本語の文献で「第三草稿」の思想を疎外論として、それどころか思想そのものとして分析した書物はほとんど皆無だからである。[1] 唯一の例外として山之内靖氏の『受苦のまなざし』（青土社、二〇〇四年）があるが、同書は「第三草稿」の主要な主題を「私的所有の主体的本質である労働」（同書四一四）にあるとし、「第三草稿」の疎外論を分析対象から外している。また「パリ草稿」全体の思想を考察することを本書の一つの意図と考えていることから、直接には疎外論と関係がない文言も分析対象としたことをあらかじめ申し上げておきたい。

一　私的所有の積極的止揚としての疎外の止揚

(1)　私的所有の積極的止揚の意義

『経哲草稿』の「第三草稿」のうち、「私的所有と共産主義」と旧MEGA編集者が題した断片で、マルクスは共産主義思想の変遷を辿り、自らが唱える共産主義を「人間の自己疎外としての私的所有の積極的止揚としての共産主義」（MEGA, I/2, S. 389,『経済学・哲学草稿』一三〇頁）と表現している。ここで問題は私的所有の「止揚」に形容詞として付けられた「積極的（positiv）」という言葉の意味内容である。この点の詳細については、後に示すマルクスの「人間の本質諸力（Wesenskräfte）の対象化」に関する議論で明らかにするが、さしあたり次に示すマルクスの一文のなかにこの言葉の意味内容が簡潔に示されている。

「私的所有のこのような止揚がいかにわずかしか現実的な獲得となっていないかということは、教養と文明の全世界が抽象的に否定されていることが、すなわち私的所有を超え出るどころかいまだかつて私的所有に到達したこともないような貧困で寡欲な人間の不自然な単純さへと還帰するものであることが、まさに証明している。」(ebenda S. 388, 同上一二八頁)

「私的所有のこのような止揚」とは平等主義的共産主義が要求する私的所有の均一化を指すが、マルクスによるとこのような共産主義では「教養と文明の全世界」[2]が抽象的に否定されているという。逆に考えれば、私的所有の積極的止揚とは、教養と文明の全世界を否定せずにその豊かさを引き継ぐことを含んでいる。すなわちそれは、私的所有を廃止したあとにおいても産業がもたらした自然科学や技術と物質文明および芸術などの文化を継承・発展する私的所有の積極的止揚にほかならない。この点をもうすこし具体的に敷衍したのが次に掲げる文である。

「それ〔政治的共産主義と国家の止揚をともなう共産主義〕はまだ私的所有の積極的本質をとらえていないし、同様に欲求の人間的性質をほとんど理解していないので、やはりまだ私的所有にとらわれており感染されているのである。」(ebenda, 同上一三〇頁)

つまり私的所有に捕われずにそれを止揚するが、私的所有の積極的本質を継承して私的所有を止揚する共産主義がマルクスの唱える共産主義なのである。「私的所有の積極的止揚としての共産主義」とは、すでに述べたように私的所有が創りだした「教養と文明の全世界」を継承し、それを高次の次元で実現させることであるが、具体的には「欲求の人間的本質」を理解することが私的所有の積極的止揚に必要なこととされていることに注意されたい。この点については欲求論の箇所で詳しく論じる。

それでは私的所有が人間の自己疎外であることはどのような点にあるのか。それが労働の疎外の結果であり、また原因でもあることは、第一草稿で明らかにされた。ここで問題とされているのは、労働のあり方というよりもむしろ教養と文明のあり方である。この点に関してマルクスは総括的に次のように論じている。

「物質的な、直接に感性的なこの私有財産は、疎外された人間的生活の物質的な感性的な表現である。私的所有の運動――生産と消費――は、従来のすべての生産の運動についての、すなわち、人間の現実化あるいは現実的な運動についての感性的な啓示である。宗教、家族、国家、法律、道徳、科学、芸術等々は、生産の特殊なあり方にすぎず、生産の一般的法則に服する。だから私的所有の積極的止揚は、人間的生活の獲得として、あらゆる疎外の積極的止揚であり、したがって、人間が宗教、家族、国家等々からその人間的な、すなわち社会的なあり方(*gesellschaftliches Dasein*)へと還帰することである。宗教的疎外それ自体は、ただ人間の内面の意識の領域でだけ生ずるが、しかし経済的疎外は現実的生活の疎外である……。」(ebenda, S. 389-390, 同上一三二頁)

すなわち、ここでは次の諸点が主張されている。①私有財産は疎外された人間的生活の物質的な表現である。②私的所有の運動は、人間の現実的な運動の感性的な啓示である。③宗教、家族、国家、法律、道徳、科学、芸術等々は、生産の特殊なあり方であり、生産の一般的法則に服する。④私的所有の積極的止揚は、人間的生活の獲得として、あらゆる疎外の積極的止揚である。したがって、⑤私的所有の積極的止揚は人間が宗教、家族、国家等々からその人間的な、すなわち社会的なあり方へと還帰することである。⑥経済的疎外は現実的生活の疎外である。以上を要約すれば、私的所有の運動は経済の運動であり、しかも私的所有の疎外、すなわち経済的疎外は現実的生活の疎外であり、その止揚は人間が宗教、家族、国家から人間的、社会的現存へ還帰することである、となる。なおここでマルクスは、私的所有の運動を経済活動、生産と消費の運動と同義としているが、これは資本主義経済の運動をそれを含む広義の経済の領域と同一視することであり、現在の時点から見れば誤りである。そしてこの引用文の眼目は、私有財産は疎外された人間的生活の物質的な表現であること、またそれゆえに私的所有の運動が経済的疎外、現実的生活の疎外である、ということである。つまり疎外の止揚は宗教、家族、国家から人間的、社会的なあり方へと還帰することである、という点にある。すなわち、マルクスは最終的にはここでは疎外の止揚によって宗教、家族および国家は社会的なあり方においては廃止されると考えているわけである。

⑵　社会的存在としての人間

先の引用文にもあるように、マルクスにあっては、「人間的（menschlich）」とはすなわち「社会的（gesellschaftlich）」であることであり、社会的なあり方が本来の人間的なあり方であるとともに、私的所有のもとにおいてもまた人間は社会的存在なのである。この点をマルクスは次のように詳述している。

「したがって社会的（*gesellschaftliche*）性格が、この全運動〔私的所有の止揚の運動〕の一般的性格である。社会そのものが人間を人間として生産するのと同じように、社会は人間によって生産されている。活動と享受とは、その内容から見ても現存の仕方から見ても社会的であり、社会的活動、社会的享受である。自然の人間的本質は、社会的人間にとってはじめて現存する。なぜなら、ここにはじめて自然は、人間にとって、人間との紐帯として、他の人間に対する彼の現存として、彼に対する他の人間の現存として、同様に人間的現実の生活基盤として、現存するからであり、ここにはじめて自然は人間自身の人間的なあり方の基礎として現存するからである。ここにはじめて人間の自然的なあり方が、彼の人間的なあり方となっており、自然が彼にとって人間となっているのである。それゆえ、社会は、人間と自然との完成された本質統一であり、自然の真の復活であり、人間の貫徹された自然主義であり、また自然の貫徹された人間主義である。」（ebenda, S. 390-391, 同上一三三頁）

すなわち、私的所有の止揚の運動が社会的な性格を持つのは、社会が人間によって生産されているだけでなく、社会が人間を生産しているからである。その意味で、私的所有の止揚によって実現される人間的活動と人間的享受は、社会的活動であり、社会的享受である。また人間が自然であることは、人間が自然なくしては生きられないからだけでなく、人間が類として存在すること、すなわり人間が互いにつながりを持った存在であること、ある人間が他の人間として現存していること、すなわち人間が社会的な存在であることのうちに存する。「だから、社会においてのみ自然は人間と人間との『紐帯』として、『人間的現実の生活要素』としてあるのであり、社会においてのみ『人間にとって自然は人間となっている』のである。[3]」言い換えれば、人間という存在に進化した自然は社会として人間において真の復活を遂げたのである。だからこそ、社会は「人間の貫徹された自然主義であり、また自然の貫徹された人間主義」なのである。

だが私的所有のもとでも人間は、直接に共同体的なあり方で存在していなくても、社会的な存在である。このことをマルクスは次のように表現している。

> 「社会的活動や社会的享受は、けっして直接的に共同体的な（gemeinschaftliche）活動や直接的に共同体的な享受といった形態でだけ実存しているものではない。とはいっても、共同体的な活動や共同体的な享受、すなわち、直接に他の人間との現実的な社会的結合の中で自分を発現し確証する活動と享受とは、社会性のあの直接的な表現がこの活動の内容の本質において基礎

づけられ、この享受の性質に適合しているところでは、どこでも現われるであろうが。」

(ebenda, S. 391, 同上一三三〜一三四頁)

例えば、マルクスによれば、個人が行う科学的などの活動は他人との直接的結合のもとでは遂行できない活動である。例えば、科学的研究は、現代においては一つの研究テーマを追究するのに一つの研究チームを編成して、各研究者は言わば一つの研究共同体である研究チームの一員として科学的活動を行う。その場合には、研究者は「直接に共同体的な」活動を行っていると見做しても良い。しかし、たとえ単独で科学的研究を行っていても、その成果を論文として公表してそれを全科学者と共有することができるので、科学者は「直接に共同体的な」活動として研究を行っていなくても社会的な活動を行っているのである。すなわち、その活動の素材が言語という社会的な産物であるように、個人が社会的な存在であり、社会のために社会的存在としての意識を持って活動するかぎり、それは社会的活動であるといってよい[4]。というのは、次の理由からである。

「私の普遍的意識は、実在的な共同体、社会的存在を自分の生きた形姿としているものの理論的な形姿であるにすぎない。だから、私の普遍的意識の活動もまた――そのようなものとして――社会的存在としての私の理論的な現存なのである。」(ebenda, S. 391, 同上一三四頁)

つまり、個人の普遍的意識は、普遍的であるがゆえに実在する実際の共同体の理論的な形姿をなすのであるから、そのような個人の理論的活動は社会的存在としての活動なのである。こうして普遍的意識とは思考であるから、思考は社会的存在としての存在とは区別されてはいるが、互に統一されていると言ってよい。その理由はさらにマルクスによって次のように説かれている。

「類的意識としての人間は、彼の実在的な社会生活を確認し、そしてただ彼の現実的な現存を思惟の中で反復するにすぎない。ちょうど逆に類的存在は、類的意識において自己を確認し、そしてそれの普遍性の中で、思惟する存在として対自的になるのである。したがって人間は、たとえ彼がどれほど特殊な個人であるにせよ、——そしてまさに彼の特殊性がかれを個人とし、そして現実的な個体的共同存在とするとしても——同じ程度にまた彼は思惟され感受された社会そのものの総体性、観念的総体性、主観的な現存であり、同様にまた現実においても、彼は社会的現存の直観や現実的享受として、ならびに人間的な生命の発現の総体として現存するのである。」(ebenda, S. 391-392, 同上一三五頁)

ここでいわれる「類的意識」は〈注〉の(4)で挙げたフォイエルバッハの「科学とは類の意識である」という言葉のなかの「類の意識(das Bewußtsein der Gattungen)」と同じである。すなわち、類的意識〔普遍的意識〕としての人間は、その社会生活を思惟の中で反復して行い、また類的存在〔社会的存在〕はその普遍性の中で、すなわち思考する存在、意識として自立した存在を得るのである。したがって、人間は特殊な個人であるとしても、主観的な存在として社会の総体性であり、現実的生活においても社会的享受と人間的な生命の発現の総体として存在するのである。つまり人間は思惟において普遍的意識となるので、類を意識し、すなわち社会的存在として思考し、逆に類的存在としての社会は、普遍的意識としての思考する個人において自立的現存を得る。だから人間は特殊的な存在であっても思考において総体としての社会を反映し、現実においても現実的な社会的享受および人間的な生命発現の総体を実現するのである。

「こうして思考と存在とは、たしかに区別されてはいるが、しかし同時に、相互の統一の中にある。」(ebenda, S. 392, 同上)

マルクスは「ミル評註」で社会的交通を行う社会的存在であることをはじめて打ち出したが、『経哲草稿』の「第三草稿」において、このように社会的存在論を発展させ、いまだ類というフォイエルバッハ用語を用いながらも、「ミル評註」には見られなかった個人的存在と社会的存在との関係やその関係を思考と存在の統一の問題に絡ませて論じているだけでなく、社会を自然の人類の出現への進化との関連から自然と人間との統一的理解にまで発展させ、のちの唯物論的歴史観の礎石を築いたと言えるだろう。

⑶「疎外された人間的生活」からの解放

本項の⑴で私的所有が人間の自己疎外であることはどのような点にあるのかと問い、それは労働のあり方というよりもむしろ教養と文明のあり方である、と答えた。また⑴の最後に挙げた引用文〔本書の一六九頁〕でマルクスは私的所有が「疎外された人間的生活」をもたらすと述べている。ここではこの点をもっと具体的に論じる。そこで少々長いが、以下のマルクスの文章を議論の手掛かりとしたい。

「私的所有は、人間が〔主体であると〕同時に自己に対して対象的となり、そして同時にむしろ疎遠な非人間的な対象としての自己になるということ、人間の生命の発現がその生命の外化であり、人間の現実化がその現実性剝奪、すなわち一つの疎遠な現実性であるということの感性的表現にすぎないが、それと同様に、私的所有の積極的止揚は、すなわち、人間的な本質と生命、対象的な人間、人間的な制作物を、人間のために人間によって感性的に自分のものとする獲得は、たんに直接的な一面的な享受という意味でだけ捉えられてはならない。すなわち、たんに占有すること（Besitzen）という意味、持つこと（Haben）という意味でだけ捉えられてはならないのである。人間は彼の全面的な本質を、全面的な仕方で、したがって一個の全体的な人間として自分のものとする。世界に対する人間的諸関係のどれもみな、すなわち、見る、聞く、嗅ぐ、味わう、感ずる、思惟する、直観する、感じ取る、意欲する、活動する、愛すること、要するに人間の個性のすべての諸器官は、その形態の上で直接に共同的な諸器官として存在する諸器官と同様に、それらの対象的な態度において、あるいは対象に対するそれらの態度において、対象〔をわがものとする〕獲得なのである。人間的現実性の獲得、対象に対するそれらの諸器官の態度は、人間的現実性の確証行為である。すなわち、人間的な能動性と人間的な受動的苦悩〔受苦〕(Leiden) とである。なぜなら、受動的苦悩は、人間的に解すれば、人間の一つの自己享受だからである。」(ebenda, 同上一三六頁)

この一節によると、第一に、私的所有のもとでは、人間の生命の発現が生命の外化となること、第二に、私的所有の積極的止揚、すなわち人間的な制作物をわがものとする獲得は、たんに「持つこと」[5]という意味で捉えられてはならないこと、すなわち人間が彼の全面的な本質を、全面的な仕方で、したがって一個の全体的な人間として自分のものとすること、第三に、人間の諸器官を通じた対象的世界にたいする人間的関係、すなわち対象をわがものとする獲得は、人間的現実性の確証行為であること、第四に、人間的現実性の確証行為は人間的な能動性と人間的な受動的苦悩であり、一つの自己享受であること、が述べられている。すなわち、私的所有のもとでの疎外は、われわれが対象を「持つ」あるいは「占有する」こと、つまり食べ物を食べ、飲み、衣服を身につけて、住居に住む、要するに物を生活手段として使用するということ、対象を実利的、功利的に利用するということが対象をわがものとすることとなっている点にある。それは「あたかも人間が事物、自然を自己の『使用』『所持』『占有』の対象として一面的・一方向的に支配しているかのように見えながら、そこを覆っている一面的・一方向的な『持つ』という感覚は、実は人間の『全ての身体的・精神的感覚』を『単純に疎外』するものに他ならず、それによって逆に人間自身が支配され疎外され貧困化されてしまっているというわけである。[6]」しかし、人間が対象を真にわがものとする獲得とは、対象を最低限生きるための生活手段として消費するのではなく、すなわち生きるために食べるのではなく味わうこと、単に音や声を聞くのではなく音楽を鑑賞することなどのように対象のうちに人間的なものを確証することである。それらの確証行為は人間の制作行為である労働をつうじて対象に実現された人間的本質を人間の諸器官を通じて確認する自己享受なのである。このことをマルクスは、次のように言い換えている。

「それゆえ、私的所有の止揚は、すべての人間的な感覚や特性の完全な解放である。しかし私的所有の止揚がこうした解放であるのは、これらの感覚や特性が主体的にも客体的にも人間的になっているという、まさにそのことによってなのである。目の対象が社会的な、人間的な対象、すなわち人間から起こっている人間のための対象となっているように、目は人間的な目となっている。だから諸感覚は、それらの実践において直接に理論的（theoretisch）となっている。諸感覚は事物のために、事物に対して振る舞う。しかし、事物そのものは、自己自身に対する、また人間に対する対象的で人間的な振る舞いなのであり、またその逆でもある。だから、効用が人間的な効用となったことによって、欲求あるいは享受はそれらの利己的な性質を失い、そして自然はそのむきだしの効用性を失ったのである。」（ebenda, S. 393, 同上一三七～一三八頁）

このように自己享受とは、人間的な感覚を解放すること、すなわち動物的な生存にまで貶められた生活のための手段としての衣食住や「占有すること」、「持つこと」などで表現される所有欲という疎外された欲求の支配から人間的感覚を解放することであり、それは私的所有の積極的な止揚によって可能となる。人間的な感覚の解放とは、目や耳などの感覚器官が人間的になること、すなわちそれらの器官が対象に対して実践的に振る舞うなかで「理論的になる」ことである。「理論的な（theoretisch）」とは「観想的な」という意味でもあり、したがって「理論的になる」とは、感覚器官を働かせることによって対象の中に人間的価値のある意味を見出すことなのである。英語で言えば、「鑑賞する（良さや価値を見出す）」という意味で appreciate することである。感覚器官は生きるために必要な手段であり、物を消費するための器官であるが、このような狭い意味での効用ではなく、自然や人間の制作物、全ての自然と人間的自然という対象的世界の中に人間的な効用を、すなわち人間的な美的価値を見出し鑑賞することこそが人間的感覚の解放にほかならない。これによって自然と対象的世界は「むきだしの効用性」、すなわち単なる利便性を失い、人間は功利的(7)な生活から解放され、真に文化的、審美的、人間的な価値を享受する生活を獲得するのである。この点ではマルクスの唯物論は、物質主義ではなく、彼にとって物質的な生活は人間の全生活の土台であり、それが十分に満たされてこそ、そのうえに感性的、感覚的、文化的および精神的生活が可能となるのであり、彼の哲学は究極的には文化的、芸術的および精神的な価値の充足を目標とするものであると考えるべきである。

さてマルクスは、人間が社会的存在であることから、社会的な諸器官の形成について次のように語る。

「同様に、他の人間の感覚や精神も、私自身が〔わがものとする〕獲得となっている。それゆえ、これらの直接的な諸器官のほかに、社会という形態の中で、社会的な諸器官が形成される。したがってたとえば、他人と直接に共同してなされる活動などは、私の生命の発現のひとつの器官となっており、人間的生命を獲得する一つの仕方となっている。……すでにわれわれが見たように、対象が人間にとって人間的な対象あるいは対象的な人間となる場合にだけ、人間は彼の対象の中で自己を失うことがない。このことはただ、社会がこの対象の中で人間のための存在として生成するのと同様に、対象が人間にとって社会的な対象として生成し、また人間自身が自分にとって社会的な存在として生成することによってのみ可能である。」(ebenda, 同上一三八頁)

引用文の前半では、人間は社会的な存在であるから、個人は他の人間の感覚や精神的活動も自らがわがものとする獲得となるので、個々人の諸器官のほかにそれとは独立した社会的な諸器官が形成される、と述べられている。これは個人が社会的に結合した時に個人に形成される社会的な諸器官という意味であり、社会の固有の器官というものではないだろう。たとえば、連帯感の感覚のようなものであると考えられる。マルクスはこのような社会的な器官によって我がものとされる欲求の一例を挙げている。「共産主義的な職工たちが団結するとき、彼らにとってさしあたり目的となるのは、教説、宣伝、等々である。しかし同時に彼らは、それを通じて一つの新しい欲求を、社会的結合の欲求を我がものとする。」(ebenda, S. 425, 同上一六二頁) 他方で、引用文の後半では、これまでマルクスが述べてきた人間の感覚とその諸器官の対象が人間的となるのは、人間が対象的な人間になること、また人間が社会的存在となること、社会が人間のための存在となることを必要とすることが述べられている。これは人間を社会的存在と把握するマルクスの立場から改めて人間の諸感覚と諸感官を社会的なものと捉えたものである。

(4) 人間の本質力の対象化としての富

人間は自己の内面的な能力を対象化し[8]、対象を人間化することによって対象のうちに自己を確証する。こうして人間にとっての対象が生成する。そこでマルクスは対象化される人間の本質的な能力を「本質力(Wesenskraft)」[9](ただしマルクスはこの言葉を通常は複数形の「本質諸力(Wesenskräfte)」として用いている)と名づけて、それの対象化された現実のうちに自己を確証することの意義を次のように示している。

「だからどこでも、一方では、社会の中にある人間にとって、対象的な現実が人間的な本質諸力の現実として、人間的な現実として、またそれゆえに人間固有の本質諸力(Wesenskräfte)の現実として生成することによって、あらゆる対象が人間にとって人間自身の対象化として、人間の個性を確証し実現している諸対象として、人間の諸対象として生成する。……ひとつの対象が目にとっては耳にとってとは違ったものとなり、また目の対象は耳の対象とは違ったものなのである。それぞれの本質力の特徴は、まさにその本質力の独特な本質であり、したがってまた本質力の対象化の独特な仕方、本質力という対象的で現実的な、生きた存在の独特なあり方でもある。だから人間は、たんに思惟のなかでばかりなく、すべての感覚をもって、対象的世界において肯定されるのである。」(ebenda, S. 393-394, 同上一三八～一三九頁)

すなわち、人間が自己の個性を対象のうちに確証するのは、人間が自己の本質力を対象化し、対象が人間の本質的能力の対象化された現実として生成するからである。ここに人間の自己確証行為は人間と対象との相互作用として現われる。つまり人間はその本質力を対象化することによって、対象を人間化し、人間化された対象のうちに自己を直観し、自己が肯定されるのを見るのである。しかも人間の本質諸力は、それぞれ独特の仕方で発揮されるのであり、目と耳はそれぞれ違った対象を違った仕方で享受する独自の内面的能力である。他方で、人間の本質諸力は、歴史を通じて形成されるものであり、歴史の蓄積がなければ、本質力は粗野なままにとどまり、豊かのものとして発展しない。そして粗野な感覚には、洗練された感覚にしか享受されない対象は、対象として存在しない。この点をマルクスは次のように見事に表現している。

「他方、主体的に捉えるならば、音楽が初めて人間の音楽的感覚を呼び起こすのと同様に、また非音楽的な耳にとってはどんなに美しい音楽も何らの意味をも持たず、何らの対象でもない。なぜなら、私の対象はただ私の本質諸力の一つの確証でしかありえず、したがって、私の対象は、私の本質諸力が主体的能力として対自的にあるようにしか、ありえないからであり、また私にとって或る対象の意味は……私の感覚の達するちょうどその範囲までしか及ばないからである。それだから社会的人間の諸感覚は、非社会的人間のそれとは別の諸感覚なのである。同様に、人間的本質の対象的に展開された富を通じてはじめて、主体的な人間的感性の富が、音楽的耳が、形態の美にたいする目が、要するに、人間的に享受をする能力のある諸感覚が、すなわち人間的本質諸力として確証される諸感覚が、はじめて完成されたり、はじめて生み出されたりするのである。なぜなら、たんに五感だけでなく、いわゆる精神的諸感覚、実践的諸感覚（意志、愛など）、一言でいえば、人間的諸感覚、諸感覚の人間性は、感覚の対象の現存によって、人間化された自然によって、はじめて生成するからである。

五感の形成は今までの全世界史の一つの労作（eine Arbeit）である。……したがって人間的本質の対象化は、理論的見地からいっても実践的見地からいっても、人間の感覚を人間的にするためにも、人間的および自然的な存在の富全体に適応する人間的感覚を創造するためにも、必要である。」（ebenda, S. 394, 同上一三九～一四〇頁）

音楽という人間の創造的能力の対象化が音楽的な耳を形成するように、音楽的な美が分からない粗野な聴覚にとって音楽は対象とはならない。なぜなら、対象は人間の本質諸力の確証でしかないから、対象の意味は人間の本質諸力の及ぶ範囲にしか存在しないのである。また人間の本質諸力の確証とは次のような意味において言いうる。「対象的人間は人間にとって、いわばいま一人の自分であり、自分をうつす鏡である。人間はこの鏡に自分の姿をうつしてみることによって、自分を確証すると同時に、諸感覚、諸能力、諸欲求を発展させる。[10]」そういう意味では、社会的な人間の感覚が、非社会的人間の感覚とは別物であるのは当然である。なぜなら、非社会的人間の感覚は社会的人間の感覚の範囲には及ばないからである。他方で、主体的な人間的感性の豊かさは、これまでの歴史を通じて人間的な本質の創造的な力が形成してきた対象的な富の形成を通じてはじめて生み出される。だから五感だけでなく感覚的精神的諸感覚の人間的な形成は、これまでの歴史において蓄積されてきた労働によって人間化された自然を通じて初めて生成する。その意味では、五感の形成は世界史の労作であると言っていいのである。

ところで、このような人間の本質力の対象化の物質的表現が産業であり、そのもとでは、対象化された現実は有用な対象という疎外された形態をとってきた。こうした事情をマルクスは次のように論じる。

「産業の歴史と産業の生成し終わった対象的現存とが、人間的な本質諸力の開かれた書物であり、感性的に提示されている人間的な心理学であることは明らかである。だがこの心理学は、これまで人間の本質との連関においてでなく、つねにただ外面的な有用性の関係においてだけ捉えられてきた。なぜなら、人は――疎外の内部で動きながら――人間の一般的な現存だけを、つまり宗教を、あるいは歴史を、その抽象的＝一般的本質において、政治、芸術、文学等々として人間的本質諸力の現実として、人間的な類的行為として捉えることしか知らなかったからである。通常の物質的な産業（――これをあの一般的運動の一部分として捉えることもできれば、同様にまたこの一般的な運動そのものを産業の特殊な一部分として捉えることもできる。というのは、すべての人間的活動はこれまで労働であり、したがって産業であり、自己自身から疎外された活動だったからである――）において、われわれは感性的な、疎遠な、有用な諸対象という形態のもとで、疎外という形態のもとで、人間の対象化された本質諸力を見出すのである。」（ebenda, S. 395, 同上一四一～一四二）

芝田進午はこの文を念頭に置いて、次のように述べている。「実際、マルクスのいうように、これまでの『心理学』は、人間の本質、すなわち人間的労働のこの大きな部分をお上品に捨象し、これをいつも『外的な有用性』の関係においてしか、また動物的な『欲望』としてしかとらえず、しかもみずからのうちにその不完全さを感ずることはなかった。[11]」すなわち、これまでマルクスが本来の解放された精神的感性的感覚であると捉えてきた人間的享受は今までの歴史においては、すなわち産業の歴史という人間的本質諸力の公開された、感性的な形態においては、人間の本質との連関においてではなく、有用性という疎外された本質との関係においてだけ存在してきた。[12]なぜなら、これまでの歴史においては人間の活動は労働、産業という疎外された形態でしか行われてこなかったからである。言い換えれば、これまでの歴史における人間の活動である物質的な産業においては、有用な使用価値を持つ商品という疎外された形態、所有欲の対象という形態で人間の対象的な本質諸力を見出す。このような疎外から解放された人間的享受のあり方は、すでに本項の(3)で示したように、「全面的な本質を、全面的な仕方で、したがって一個の全体的な人間として自分のものとする」(ebenda, S. 392, 同上一三六頁)ような獲得なのである。つまり人間が真に人間的な関係を結ぶ対象とは、たんに有用な生活手段だけではなく、それをも満たし、かつそれを基礎にしてその上にさらに人間的に享受する自然や文化的世界のような対象である。言い換えれば、そうした自己享受は、『資本論』で提示された必然性の国を超えた自由の国で実現されると考えられる。しかし、自己享受は資本主義世界を超えた共産主義の遥か遠いかなたの世界でだけでなく、資本主義社会においても生活手段が満ち溢れて自由時間を多く獲得できるようになった段階でも可能であろう。例えば、音楽、絵画、演劇、映画などの鑑賞、読書などの精神的生活は自由時間が多くなった現代の資本主義世界においても不十分であるが自己享受の性格を備えていると言えるのではないか。ただし、そうした自己享受は他方での貧困の存在という犠牲と生産形態の敵対性の上に成り立っているという限界のうちにあることも忘れてはならないことは言うまでもない。

(5) 自然科学と産業

このように物質的産業は生活の必要を満たすという点からすれば、たとえ物質的な富という疎外された形態においても、人間的な自己享受を実現するための準備をしたわけである。そしてこの産業の発展にはじめから関与および寄与してきたのが自然科学である。これら両者の関係をマルクスは次のように描いている。

「自然科学は産業を介してますます実践的に人間生活の中に入り込み、それを改造し、そして人間的解放を準備したのであるが、それだけますます直接的には自然科学は、非人間化を完成させずにはやまなかった。産業は、人間に対する自然の、したがって自然科学の現実的な歴史的関係である。だから、もし産業が人間的な本質諸力の公開的な露出として捉えられるならば、自然の人間的本質あるいは人間の自然的本質もまた理解されるであろうし、したがって自然科学は、その抽象的に物質的な、あるいはむしろ観念論的な傾向を失って、それが現在すでに――たとえ疎外された形態においてであれ――実際の人間生活の基礎となっているように、人間的な科学の基礎となるであろう。……人間の歴史――人間社会の成立行為――のなかで生成していく自然は、人間の現実的な自然であり、それゆえ、たとえ疎外された形態においてであれ、産業を通じて生成する自然は、真の人間学的な自然である。」(ebenda, S. 395-396, 同上一四二～一四三頁)

すなわち自然科学は、その技術学的応用を通じて産業に関与することによって、人間生活に介入し、それを通じて産業と同様に、人間の物質的解放を準備するとともに、人間の疎外を生み出してきた。したがって、産業は自然に対する人間の、自然科学に対する人間の、またその逆の現実的な歴史的な関係である。それゆえ、産業が人間の本質諸力の対象化の感性的表現であるならば、自然が人間的な本質を持つことも理解されて、自然科学は人間的科学の基礎となるだろう。つまり、人間の歴史を通じて産業を介して変化し発展していく自然は、人間にとって現実的な自然であり、真の人間学的〔この言葉にはフォイエルバッハの影響がまだみられる〕な、すなわち社会的な自然である。要するに自然科学は産業の興隆を通じて発生・発展してきたとともに、それによって人間の生活に役に立つようになってきて、人間生活の基礎となった。たとえ自然科学がその機械への応用を通じて労働者を搾取する手段になったとしてもである。そして自然も産業を介して人間に役立つかぎりは、人間的となった自然である。

こうして自然と人間は一体化し、自然科学と人間に関する科学は一つになるだろう。そしてそのための出発点は、感性をすべてのものの基礎とすることである。マルクスはフォイエルバッハが、自然がすべてのものの土台であるということを、人間の感性から出発することから基礎づけた点に基づいて次のように言明する。

「感性（フォイエルバッハを見よ）は、あらゆる科学の基礎でなければならない。ただ科学が感性的意識と感性的欲求という二重の形態において感性から出発する場合にのみ――だから科学が自然から出発する場合にのみ――それは現実的な科学である。すべての歴史は、『人間』が感性的意識の対象となり、そして『人間としての人間』の欲求が〔感性的〕欲求となるための準備の歴史である。歴史そのものが自然史の、人間への自然の生成の、現実的な一部分である。人間についての科学が自然科学を自分の内に包み込むのと同様に、自然科学は後には人間についての科学を包み込むであろう。すなわち、一つの科学が存在することになるであろう。」

（ebenda, S. 396, 同上一四三頁）

つまり感性が科学〔とくに自然科学〕の出発点でなければならない。というのは、人間が自然の一部であるのは、人間が感性的意識と感性的欲求を自己の実存の基礎として持っている点にあるからである。そして科学が感性から出発する限りでのみ、科学は現実的な科学となる。そして歴史は感性的欲求が人間的欲求となるための準備の歴史である。こうして人間の歴史は自然の歴史の一部分となり、自然科学と人間に関する科学は統一されて一つの科学、すなわち歴史の科学が成立するだろう[13]。

⑹　自然と人間の自己産出論

マルクスは自然の創造説が自然を自己産出したものであると主張する地質学によって実践的な反駁をうけ、もはや根拠のない説となったと主張し、これを以下のように表現している。

「大地の創造ということは地質学によって、すなわち、地球の形成、地球の生成を一つの過程、自己産出（Selbsterzeugung）として叙述する科学によって、強力な打撃を受けた。自然発生説は創造説にたいする唯一の実践的反論である。」（ebenda, S. 397, 同上一四五頁）

地球が無から神によって創造されたのではなく、永遠に存在し、その存在を問うこと自体が無意味である自然から自ずから生成したものであること（自然発生説）を証明した地質学によって大地の創造ということは実践的に成り立たなくなった。すなわち、創造説を否定する無神論も自然科学の出現によってその存在意義を持たなくなったのである。さらに人間の創造を前提するような問い、すなわち自分の父を生んだのは誰で、祖父を生んだのは誰なのかというように無限の進行を辿っていくような問いは、誰が最初の人間を生んだということを問うことである。それは自然と人間の創造を前提とした問いである。このような問いについてマルクスは次のように述べている。

「君が自然と人間との創造について問う場合、君は人間と自然とを捨象しているのだ。君はそれらを存在しないものとして措定しておきながら、しかもそれらを存在するものとして私が君に証明することを君は要求しているのだ。そこで私は君にこう言おう、君の捨象をやめたまえ、そうすれば、君はまた君の問いをもやめるだろう。それとも君が君の捨象に固執しようとするなら、首尾一貫したまえ。そして君は人間と自然を存在しないものとして考えながら、考えを進めるのなら、君もまたやはり自然であり人間であるのだから、君自身を存在しないものと考えたまえ。考えるなかれ、私に問うなかれ、なぜなら君が考え、そして問うやいなや、君がしている自然と人間との存在についての捨象は無意味となるからだ。それとも君は、すべてを無として措定し、しかも自分は存在しようとする、そんなエゴイストなのか。」(ebenda, S. 398, 同上一四六～一四七頁)

ここでマルクスが主張しているのはこうだ。誰かがはじめに人間を産んだと主張するのは、それまでは人間は存在しなかったと主張するものだ。自然が創造されたものであると主張するのは、それまでは何もなかった、すなわち何ものも存在しなかったと主張することと同じである。だが、無が支配すると想定しておきながら、無限の進行を問う君だけは存在するというのは矛盾である。先の引用文に続けてマルクスはこう言う。

「君は私にこう答弁することができる。私は自然等々の無を措定しようというのではない。私が解剖学者に骨格の形成について質問したりするのと同様に、私は君に自然の発生行為(Entstehungsakt)について問うているのだ、と。」(ebenda, 同上一四七頁)

このように自然を発生行為という意志をともなう主体であるという主張に対してマルクスは次のように答える。

「しかし社会主義的人間にとって、いわゆる世界史の全体は、人間的労働による人間の産出、人間のための自然の生成以外のなにものでもないのであるから、したがって彼は、自己自身による自己の出生について、自己の発生過程について直観的な、あらがうことのできない証明をもっているのである。人間および自然が本質をそなえていること（*Wesenhaftigkeit*）、すなわち人間が人間にとって自然の現存として、また自然が人間にとって人間の現存として、実践的、感性的、直観的となったことによって疎遠な一本質についての、自然および人間を超越する一本質についての問い――自然と人間との非本質性についての告白を含んでいる問い――は、実践的に不可能となった。こうした非本質性の否認としての無神論は、もはやなんの意味も持っていない。なぜなら無神論は神の否定であり、そしてこの否定を介して人間の現存を措定するからである。しかし社会主義としての社会主義は、もはやこのような媒介を必要としない。それは本質としての人間および自然の、理論的にも実践的にも感性的な意識から出発する。現実的生活が、もはや私的所有の止揚つまり共産主義によって媒介されない、積極的な人間の現実性であるように、社会主義としての社会主義は、もはや宗教の止揚によって媒介されない、積極的な人間の自己意識である。」（ebenda, 同上一四七～一四八）

ここにはマルクスが『経哲草稿』で到達した「社会主義としての社会主義」という思想が宗教の止揚に媒介されない現実的自己意識であること、そしてそれは現実的生活それ自体が私的所有の止揚である共産主義によって媒介されずともすでに現に存在していることと同様であることが表明されている。マルクスのこのような現実的な自己意識としての思想は、自然および人間の自己産出、自己自身による自己の産出としての発生過程、すなわち世界史は人間の労働によって絶えず自らを産み出してきた過程、自らの存在を確証することのできる本質的存在としての自然と人間の生成過程の結果としての自然と人間の現存についての疑うことのできない証明に基づいている。この社会主義としての社会主義という自己意識は物質的な産業の作り出す財貨とそれを消費する疎外された現実的生活のうちに潜在的に可能性として見出される社会的自己享受という真に人間的な生活の前提となる自己意識である。そのようなものとして社会主義としての社会主義の思想にとって、現実的生活そのものは私的所有の止揚としての共産主義によって媒介されずにすでに眼前に見出されるものとしてマルクスによって発見された思想的立脚点である。

このように自然と人間の自己産出論は、有神論、無神論に代わってマルクスが新たに到達した現実的生活の存在論であり、『ドイツ・イデオロギー』で確立された新しい史的唯物論に直接的につながり、それを準備した哲学的存在論であると言ってよいだろう。

(7)　自然主義＝人間主義としての共産主義

最後にこの項のまとめとして自然主義＝人間主義としての共産主義論および「社会主義としての社会主義」に関するマルクスの思想について総括的に検討したい。

すでにこの項の冒頭で示したように、マルクスは自らの主張する共産主義を「人間の自己疎外としての私的所有の積極的止揚としての共産主義」（ebenda, 同上一三〇頁）と表現し、次のように続けている。

「それゆえに、社会的すなわち人間的な人間としての人間の、意識的に生まれてきた、またいままでの発展の全成果の内部で生まれてきた完全な自己還帰としての共産主義。この共産主義は完成した自然主義として＝人間主義であり、完成した人間主義として＝自然主義である。……それゆえ歴史の全運動は共産主義を現実的に生み出す行為——その経験的現存を産出する行為——であるとともに、共産主義の思考する意識にとっては、共産主義の生成を概念的に把握し意識する運動である。……全革命運動がその経験的基礎をも理論的基礎をも、私的所有の運動の中に、まさに経済の運動の中にみいだすということ、このことの必然性はたやすく洞察される。」（ebenda, S. 389, 同上一三〇〜一三二頁）

ここで私的所有の積極的止揚としての共産主義が、①社会的な人間としての、②いままでの発展の全成果の内部で生まれてきた完全な自己還帰としての共産主義であると定式化されているのは、以下の理由からである。第一に、この共産主義は、それ自体が社会的な人間の自己還帰であるとともに、自然的人間と人間的自然との統一が社会的人間にあるがゆえに、完成した自然主義＝人間主義でなければならないからである。第二に、この共産主義が今までの発展の全成果の内部で生まれてきた自己還帰としての共産主義であるのは、全歴史の運動が共産主義を現実的に生み出す行為であるからにほかならない。すなわち、それはこれまでの人間の労働の、したがって産業の、文明の全成果の豊かさを受け継いだ共産主義でなければならない。したがって、共産主義運動としての全革命運動の基礎が私的所有の運動、労働と産業の運動、すなわち経済の運動のなかに見出されるというのもこれと同一の命題である。

そして共産主義が私的所有の積極的止揚でなければならない理由は、次のとおりである。

「生成しつつある社会が私的所有とその富および貧困との――あるいは物質的および精神的な富と貧困との――運動を通じて、この〔人間的感覚の〕形成のためにすべての素材を見出すように、生成しおわった社会は、人間の本質のこうした富全体における人間をすなわち豊かな、そしてあらゆる感覚を十分に備えた人間を、その社会の恒常的な現実として生産する。」(ebenda, S. 394, 同上一四〇～一四一)

言い換えれば、私的所有の支配する社会は、人間的感覚の全面的発展の素材を可能な限り創造し、生成しおわった社会〔「社会主義としての社会主義」〕が豊かで全面的な感覚を備えた人間を恒常的に生産する準備を行うために存在するのである。ただし、私的所有のもとでの物質的産業は、第一には物を生産するが、それは生活手段としてだけであり、第二に欲求は人間的欲求ではなく所有欲であり、財貨はすべて所有欲の対象として生産される。したがって全ての人間的感覚は人間的なものとしては失われ、歪められる。しかし、私的所有のもとでの産業によって生産される物や対象は、一皮むけば私的所有の止揚された人間的社会で発展する人間的な感覚の社会的な自己享受のための素材となるものである。そのためには、私的所有の積極的止揚によって、効用が人間的効用に転化し、欲求が人間的欲求に、感覚が人間的な感覚に変化することが必要となるだろう。

二　欲求および交換と分業

(1) 人間的欲求とその非人間化

本項では「欲求、生産、分業」と題された第三草稿の断片に示されているマルクスの思想を検討する。

第一項でわれわれは私的所有の積極的止揚としての共産主義のもとでは、人間的な、すなわち社会的な自己享受が花開くという展望を描いてきた。そしてその展望は人間的欲求が豊かに発展することを予想するものだった。この点をマルクスは次のように総括する、

「われわれはすでに、社会主義を前提するならば人間的諸欲求の豊かさが、したがってまた生産の新しい様式ならびに生産の新しい対象が、どのような意義を持つかを見てきた。すなわち人間的本質力の新しい実証活動と人間的本質の新しい充実とがそれである。私的所有のもとでは、それらは逆の意義を持っている。どの人間も、他の人間に新しい犠牲を強制するために、また他人を新しい従属に陥れてかれを享楽の新しい様式へ、だからまた経済的破滅の新しい様式へと誘い込むために、他人に新しい欲求を呼び起こそうと投機する。どの人間も、他人に対

して一つの疎遠な本質諸力を作り出そうと努め、そこに自分自身の利己的な欲求の満足を見出そうとするのである。」(ebenda, S. 418, 同上一四九頁)

ここで一つ注目すべきことは、マルクスは社会主義を「生産の新しい様式」と言いかえて、社会主義的生産様式を事実上想定していることである。また社会主義のもとでの人間的欲求の豊かさが、人間的本質力の新しい実証活動と人間的本質の新しい充実にあるとしている。後者の二点についてはすでに第一項でその詳細を明らかにしてきたのであるが、ここではこれを人間的欲求の観点から新たに見直すことにする。しかも私的所有のもとで人間的欲求がいかに疎外されているかをつぶさに見ていく。

すでにこの引用文に示されているように、私的所有のもとでは、自己享受は享楽へ、欲求の充足は利己的な欲求の満足へと、社会主義とは正反対の方向へ強制的に変えられていく。この原因は、私的所有のもとでは貨幣が万能の力を持っていることにある。こうした事情をマルクスは次のように描写している。

「人間はますます人間として貧弱となり、敵対的な存在をわがものとするために、人間はそれだけますます多くの貨幣を必要とするのであって、彼の持つ貨幣の力は、生産の量とはちょうど逆比例して低下する。すなわち貨幣の力が増大するにつれて、人間の欠乏は増大するのである。――それゆえ、貨幣に対する欲求は、国民経済によって産み出された真の欲求であり、ま

た国民経済が産み出す唯一の欲求である。」（ebenda, S. 419, 同上一四九～一五〇頁）

すなわち私的所有のもとでは、労働者の生産する量が増大するのに逆比例して人間はますます貧弱になり、彼の持つ貨幣の量は少なくなる。それだけ人間の欠乏と必要は増大するので、私的所有の経済は貨幣に対する欲求を唯一の真の欲求とするのである。

また私的所有の否定的な側面はそれだけでなく、それは粗野な欲求を蔓延させ、極端化させる。これをマルクスは次のように表現する。

「この疎外が自らを示すのは、一つの側面では諸々の欲求とそれらの手段の洗練化を、別の側面では欲求の獣的な野蛮化、つまり欲求の完全な、粗野な、抽象的な単純化を生み出すことによってであり、あるいはむしろ、〔欲求が〕ただ自分自身を自分と反対の意味の中で再生させることによってである。」（ebenda, 同上一五一頁）

このように欲求は、国民経済においては野蛮化、粗野な単純化に陥るが、それと同時に産業および勤勉を表わす「インダストリー（industry）」は欲求を制限することである。このような意味で産業は人間をひたすら生産する奴隷として生み出す。

こうして国民経済学は次に示されるように禁欲の科学となる。

> 「それゆえ、国民経済学、すなわち富についてのこの科学は、同時に諦めの、窮乏の、節約の科学であり、そして実際にそれは、きれいな空気とか肉体的運動とかへの欲求さえも、人間に節約させるところにまで達している。驚くべき産業と勤勉の科学は、同時に禁欲の科学であり、そしてそれの真の理想は、禁欲的ではあるが、しかし暴利を貪る守銭奴であり、禁欲的ではあるが、しかし生産をする奴隷である。」(ebenda, S. 421, 同上一五三頁)

すなわち国民経済学は、現実的な生存のための欲求をさえ抑える一方で貨幣を蓄え、ひたすら生産をすることによって利得を稼ぐことを目的とする禁欲と貪欲の科学である。それは労働者が給料を銀行に貯蓄することを理想とし、快楽と享楽を追求するという外観を見せながら、禁欲を奨励する道徳的な科学なのである。

こうして国民経済学は次のように生命を外化させ、疎外された本質を蓄える。

「自制、つまり生活とすべての人間的欲求との断念が、その〔国民経済学の〕主要な教義である。食べたり、飲んだり、書物を買ったり、劇場や舞踏会や料理屋へ出かけたり、考えたり、愛したり、理論的に考えたり、歌ったり、絵をかいたり、フェンシングをしたりすることなどが少なければ少ないほど、それだけますます君は節約しているのであり、それだけ紙魚にも埃にも蝕まれない君の財貨、君の資本が大きくなる。君がより少なく存在すればするほど、君が自分の生命を発現させることが少なければ少ないほど、それだけより多く君は所有することになり、それだけ君の外化された生命はより大きくなり、それだけ君は君の疎外された本質をより多く貯蔵することになる。国民経済学者が君の生命から、君の人間性から奪い取るすべてのもの、それを彼は君のために貨幣と富とで補填してくれる。」（ebenda, 同上一五四頁）

このように私的所有とその抽象的表現である国民経済学とは、ありとあらゆる人間的な欲求を断念させることによって、財貨と貨幣と資本を蓄えるというその目的を果たす非人間的な制度であり科学であることが分かった。つまり、人間がその本来の活動である生命発現をすることが少ないほど、本来の人間的生活をすることが少ないほど、所有物だけは多くなるということ、そしてそれが私的所有のもとでの人間活動の最終的な目的となることが判明した。生命発現がなされないだけでなく、生命外化がますます進行し、貨幣や資本という疎外された本質、自然と人間の真の富を捨象した富だけが蓄積される。こうして人間はあらゆる人間性を犠牲にし、その代わりに財産の権化とも言うべき貨幣が与えられる。

これまで見てきたように、私的所有と国民経済のもとでは、欲求は制限され、その充足は断念されるだけでなく、労働者の衣食住が動物の生存以下の状態に貶められるように欲求は粗野で獣的なものとなる。またそれだけでなく、欲求充足の断念の代わりに現われてくるのは、所有欲を満足させることである。一方、人間が生きていることの証である人間的な活動と享受、すなわち生命の発現は、生命の外化となる。すなわち、それによって生命の発現は、最終的には禁欲と勤勉によって貨幣蓄蔵する守銭奴になることとなる。ここに至って欲求の疎外(14)、疎外された人間的生活は極端化するのである。

⑵　類的活動の疎外としての交換と分業

「ミル評註」でマルクスは分業と交換を社会的交通の疎外された形態であると捉えていたことはすでに見たとおりである。ここ「第三草稿」の断片「欲求、生産、分業」の後半においてはこれと同じ観点から分業を捉えている。以下がその典型的な文章である。

「分業は、疎外の内部での労働の社会性についての国民経済的な表現である。いいかえれば、労働とは外化の内部での人間的活動の一表現、生命外化としての生命発現の一表現にすぎないのであるから、〔労働の分割である〕分業もまた実在的な類的活動としての、あるいは類的存在である人間の活動としての、人間的活動が、疎外され外化されて定立されたもの以外のなにものでもないのである。分業の本質――労働が私的所有の本質として認識されるやいなや、分業はもちろん富の生産の主要な原動力として把握されずにはいなかったのだから――について、すなわち、類的活動としての人間的活動の、この疎外され外化された形態においては、国民経済学者たちはきわめて不明確であり、また互いに矛盾している。」(ebenda, S. 429, 同上一六八～一六九)

ここでマルクスが「労働の社会性」という表現をはじめて用いていることに注意されたい。分業または労働の分割をこうした規定で扱うのは「社会的労働」という表現と同様に『資本論』にいたるまで変わらない。ただここでは「疎外の内部での」という条件が付けられていることに注意する必要がある。その理由は、労働が人間的活動の外化であることに求められている。またフォイエルバッハに由来する「類的活動」という言葉は、ほぼ「社会的活動」と同義であると見做してよい。だからマルクスによれば、分業は社会的活動としての人間的活動が外化されたものにほかならないということになる。

次にマルクスは、労働を私的所有の本質と認識する、と記しているが、これは第三草稿の「私的所有と労働」と題された断片にすでに展開されている。この認識はそこでの次の言葉に表わされている。

「私的所有の主体的本質、対自的に存在する活動としての私的所有、主体としての、人格としての私的所有は、労働である。したがって、労働をその原理として認識した——アダム・スミス——国民経済学が、はじめて私的所有を人間の外にあるたんなる一状態とは、もはや思わなくなったということ、——この国民経済学が近代的産業の一産物と見なさるべきであるとともに、また私的所有の現実的なエネルギーおよび運動の一産物とも見なされるべきであるとともに、同時に他方では国民経済学がこの産業のエネルギーと発展とを促進し、讃美して、意識上の一つの力にまでしたということも、自ずから明らかである。だから富の主体的本質を——私的所有の枠内で——発見したところの、この啓蒙された国民経済学にとっては……」(ebenda,

S. 383, 同上一一九頁）

私的所有、富をその外見のまま、すなわち貴金属のまま捉えた重金主義、またそうではなく貿易差額としての商業的利益から捉えることしかできなかった重商主義とことなり、スミスをはじめとする国民経済学は、富を産業の産物と把握して私的所有をその主体的本質である労働に還元した。これこそ経済学上の画期的な進歩であり、富の外在性を止揚したのである。これによって私的所有の問題は労働、すなわち人間の問題に還元され、私的所有の関係は労働に関わる人間と人間の関係に変えられた。またこれによって、労働の非人間化、疎外が露見し、それが私的所有の根源であることも明らかとなった。経済学的認識の進歩は、私的所有の非人間性を余すところなく露呈させることとなったのである。

こうしてまたマルクスは労働が私的所有の本質であるという、国民経済学が証明できないことを分業と交換の本質から次のように証明する。

「分業と交換とが私的所有を基礎にしているということは、労働が私的所有の本質であるという主張、すなわち国民経済学には証明することのできないが、彼らに代わってわれわれが証明しようとしている主張にほかならない。分業と交換とが私的所有の形態化であるということ、まさにこのことのなかに、次のような二重の証明が存している。すなわち一方では、人間的な生活がその実現のために私的所有を必要としたということ、他方では、それがいまや私的所有の止揚を必要としているということ、の証明が存しているのである。」(ebenda, S. 433, 同上一七五～一七六頁)

分業と交換が私的所有の形態化であるので、分業と交換が労働の社会性の疎外された表現であるならば、人間的な、すなわち社会的な生活への道は労働の社会性の表現である分業と交換を通じて、すなわちそれらの形態化である私的所有を通じてはじめて可能であること、しかし分業と交換とが労働の社会性の疎外された表現であり、その疎外の原因は私的所有にある以上は、人間的な生活が実現されるためには、私的所有の止揚が必要とされるのである。

このように分業と交換が労働の社会性の疎外された表現であるのは、それらが私的所有の形態化であるからである。したがって私的所有を止揚してはじめて分業と交換は「疎外された」という規定を脱し、真の労働の社会性が実現するであろう。

三　類的本質の疎外としての貨幣

これまで私的所有の積極的止揚としての共産主義とその結果としての社会主義を前提として実現される人間の対象化とその確証、すなわち社会的活動と社会的享受のあり方とその意義を検討してきたが、これを総括するかのようにマルクスは次のように論じている。

「人間の諸感受性、諸情熱などが、狭い意味での人間学的諸規定であるばかりでなく、真に存在論的な本質肯定であるとすれば――また、諸感受性、諸情熱などに対して対象が感覚的に存在することによってのみ、それらが現実的に肯定されるのだとすれば、次のことは自ずから明らかである。……（四）発展した産業を通じて、すなわち私的所有の媒介を通じてはじめて、人間的情熱の存在論的本質は、その総体性においても、またその人間性においても生成するということ、したがって人間についての科学は、それ自身、人間の実践的な自己確証の一産物だということ、（五）私的所有の意味は――それがその疎外から解放されるならば――活動の対象としても享受の対象としても、人間にとって本質的な諸対象の現存であること。」（ebenda, S. 434-435, 同上一七八～一七九頁）

マルクスはここで、第一に、社会主義を前提として、人間の感受性や情熱などの人間的な自己享受が、それらの感受性や情熱に対して対象が感覚的に存在し、それによって諸感受性や諸情熱が現実的に肯定され確証されることを、存在論的な次元での人間の本質肯定として捉えている。第二に、歴史上最も発展した産業を介して、私的所有の存在を通じてこれらの人間的感受性と情熱の存在論的本質は、総体性と人間性において顕現すること、そしてこのことは私的所有がその疎外の仮面をはぎ取れば、人間的活動と享受の対象、人間的本質の発展にとって本質的な対象の現存であることによって可能であること、をマルクスは洞察している。ここでの眼目は、対象を通じた人間の感受性や情熱の自己肯定が存在論的な次元に属しているという認識である。こうした自然と人間の統一的把握を示す存在論的認識は『ドイツ・イデオロギー』における史的唯物論の確立によって、その影に隠されてきたが、いまや『経哲草稿』において到達した自然主義＝人間主義としての社会主義という哲学的立場の重要性を再確認する必要があるだろうと筆者は考える。

次にマルクスは、貨幣を人間の社会的交通の疎外の感性的表現と見做す「ミル評註」での貨幣認識を再確認するかのように、以下のような言葉を残している。

「貨幣が一切の人間的および自然的な性質を倒錯させること、できないことごとを兄弟のように親しくさせること——神的な力——は、人間の疎外された、外化されつつあり自己を譲渡しつつある（sich veräusserernden）類的本質としての、貨幣の本質の中に存している。貨幣は人類の外化された能力である。」（ebenda, S. 437, 同上一八三〜一八四頁）

貨幣が磁石のNとNのように反発し合うものをも結びつける神的な力を持つのは、貨幣が人間の類的本質、すなわち社会的存在としての人間の疎外された産物であるからにほかならないからである。したがって神が人類の外化された精神的能力であるように、現世の神である貨幣は人類の外化された能力である。さらに貨幣は次のようにすべて事物の性質を転倒させる魔力をもつ。

「こうしてまた貨幣は、個人に対しても、そしてそれ自身本質であると主張する社会的等々の紐帯に対しても、こうした転倒させる力として現われるのである。それは誠実を不誠実に、愛を憎に、憎を愛に、徳を悪徳に、悪徳を徳に、奴隷を主人に、主人を奴隷に、愚鈍を理知に、理知を愚鈍に変ずる。実存しつつあり活動しつつある価値の概念としての貨幣は、一切の事物を倒錯させ置換するのであるから、それは一切の事物の全般的な倒錯と置換であり、したがって転倒した世界であり、一切の自然的ならびに人間的な性質の倒錯と置換である。」(ebenda, S. 438, 同上一八五～一八六頁)

貨幣を持てば悪徳という属性は徳の属性に変じ、奴隷は主人に変じる。貨幣はすべてを逆立ちさせ、置換させるそのような魔力を持っている。したがって貨幣が支配する世界では、一切の自然的、人間的性質は倒錯・置換する。そのようなものとして貨幣は人類の外化された能力である。

このように見てくると、「第三草稿」においては人間の自己疎外としての私的所有は、物質的産業と貨幣に象徴的に現われ、分析され、資本としての動的な力と本質にはいまだ迫りきれていない。というのも、貨幣から資本への転化の論理がまだ経済学的に明らかにされていないというこの段階での経済学研究の限界がこの草稿に反映されているからであると考えられる。

四　ヘーゲル『精神現象学』の偉大な成果

第三草稿の「ヘーゲル弁証法と哲学一般の批判」と題された断片には、ヘーゲルの『精神現象学』の偉大な側面としての否定性の弁証法の評価に関連して次のような表現が見られる。

「ヘーゲルの『現象学』とその最終的な成果とにおいて――運動し産出する原理としての否定性の弁証法においては――偉大なるものは、なんといっても、ヘーゲルが人間の自己産出を一つの過程としてとらえ、対象化（Vergegenständlichung）を非対象化（Entgegenständlichung）として、外化（Entäußerung）として、およびこの外化の止揚としてとらえているということ、こうして彼が労働の本質をとらえ、対象的な人間を、現実的であるゆえに真なる人間を、人間自身の労働の成果として概念的に把握しているということである。類的存在としての自己に対する人間の現実的な活動的態度、あるいは一つの現実的な類的存在としての、すなわち人間的存在としての実を示す彼の活動は、ただ人間が実際に彼のあらゆる類的諸力を創り出し（herausschaft）――このことはまた人間たちの働きの総体（Gesamtwirken）によってのみ、歴史の結果としてのみ可能なのであるが――この類的諸力に対して対象に対するようにふるまうことによってのみ可能なのである。だがこのことはさしあたり、またもや疎外の形態においてのみ可能なのであるが。」（ebenda, S. 404-405, 同上一九九頁）

マルクスは前半の文で、ヘーゲルが人間の自己産出を一つの過程として、すなわち対象化を外化と外化の止揚として捉えていることを、彼が労働の本質を捉え、すなわち現実的な人間を労働の成果として概念的に把握していると評価している。注意しなければならないのは、ここでは対象化は生産活動としての「労働の対象化」を意味しているのではなく、労働そのものが対象化と捉えられていることである。だからここで問題となっているのは自然に対する人間の能動的な作用である制作活動としての労働を通じた自然と人間との間の主体―客体関係であるといってよい。つまりここでヘーゲルが「対象化を外化とその止揚としてとらえた」といわれている場合の外化とは人間が制作活動としての労働において内的な諸力を外に出すこと［人間の外にある物に実現すること］を言い、外化の止揚とはそれによって逆に加工された製作物の人間による利用から新たな人間的諸感覚が獲得されることを意味している。こうして労働は一つの過程となり、その過程を通じて生成した対象的な人間は「人間自身の労働の成果」として現われる。マルクスが「五感の形成は今までの全世界史の一つの労作［eine Arbeit］である」（ebenda, S. 394, 同上一四〇頁）と述べ、また「産業の歴史と産業の生成し終わった対象的現存とが、人間的な本質諸力の開かれた書物であり、感性的に提示されている人間的な心理学である」（ebenda, S. 395, 同上一四一頁）と述べているのはこうした意味においてである。

例えば、五感のうちの聴覚を取り上げてみよう。聴覚といっても広いので、音楽的な聴覚に絞って考えてみる。音楽的な耳の形成が「全世界史の一つの労作」であるとは、それが「人間自身の労働の成果」であるということである。この場合に労働とは何かといえば音楽を創造する活動、作曲である。すなわち、歴代の作曲家たちの音楽の創作活動が音楽を理解する今日の人間の聴覚を形成したのだといってよい。ここで作曲という制作活動としての労働を分析してみよう。作曲は人間の音楽的な素質としての内面的富を楽譜に表わすこと、その意味では作曲家にとってはそれは一つの生命発現（Lebensäusserung）である。しかし、その楽譜は作曲家との関係を離れて自立し、独り歩きする。すなわち、楽譜は印刷・出版され、演奏家の手元に行き、演奏され、ひとつの音楽となって公開される。そして演奏された実際の音楽は、作曲家の構想した音楽とは全く同じものではなくなる。その意味では、楽譜の印刷から演奏までの過程とその結果は作曲家にとっては外化（Entäußerung）である。作曲という労働が外化であるというのは、このような意味においてである。しかし過程はそこでは終わらない。演奏された楽曲（外面的な富）を聴衆が聴くことは音楽に対して「対象に対するようにふるまうこと」である。こうして新しい曲を聴衆が聴くことによって外化は止揚され、より豊かな音楽的な聴覚が形成される。

こうして作曲という労働は演奏という外化と聴衆の音楽鑑賞という外化の止揚という過程を通じて人間の聴覚という感性を豊かに形成する。それは絵を描く画家の創作活動に関しても同様である。画家がアトリエで絵を描くことは一つの生命発現であるが、一旦その絵が展覧会に出展されれば、その絵は画家の手を離れて独り歩きし、その絵はその画家の絵としてでなく、絵それ自体としての独立した存在（外面的な富）となる。こうして出展された絵画は画家にとっては外化である。しかし、その独創的な絵画を鑑賞することによって外化は止揚され、人間の鑑賞眼はより豊かに形成される。

マルクスは先の引用文で外化を「人間が実際に彼のあらゆる類的諸力を創り出」すことと解釈している。先に挙げた例では芸術家個人の能力が問題となっているが、歴史に名を残した大作曲家や偉大な画家の能力には人間の類的諸力が凝縮されていると見做すことができる。また現代のソーシャルメディアをはじめとする製品開発はそれ自体が技術者の集団的な能力の発揮の成果であり、文字通り「類的諸力」の創出の結果であるということができる。このように人間が歴史の総過程を通じて労働を外化し、外化を止揚をすることによって人間は自己の感覚器官を形成してきたし、発展させることができるのである。

ただマルクスが先の引用文の最後で「このことはさしあたり、またもや疎外の形態においてのみ可能なのである」とことわっている意味は、「この心理学は、これまで人間の本質との連関においてではなく、つねにただ外面的な有用性の関係においてだけとらえられてきた」(ebenda, 同上)からである(例えば、音楽に関しては演奏会が興行として行われ、美術に関しては絵画が売買の対象になっていることが疎外の現象として挙げられよう)。こうした功利主義的な見方は、マルクス以前の国民経済学者たちの見方であっただけでなく、資本主義的生産形態が支配する社会で生活する全ての人々の日常意識でもある、という意味で現在でも存在する。すなわち「通常の物質的な産業……において、われわれは感性的な、疎遠な、有用な諸対象という形態のもとで、疎外という形態の下で、人間の対象化された本質諸力を見出すのである。」(ebenda, 同上一四一～一四二頁)ここにおいて、疎外された労働は人間の歴史と関係付けられている。つまり労働の疎外は人間の本質諸力を表出することによって生産力を極限にまで発展させ、すぐ未来の歴史的発展段階にとっての人間の発展のための条件をつくるという意義を持っているのである。

五　初期マルクス疎外論の三つの系譜

これまで初期マルクスの疎外論の内容を辿ってきたが、そこから明らかになったのは、初期マルクスの疎外論には三つの系譜が存在することである。第一は『経哲草稿』の第一草稿で展開された「疎外された労働」論、第二は「ミル評註」における貨幣疎外論、第三は『経哲草稿』の第三草稿に見られる「人間的生活の疎外」論である。

「疎外された労働」論は、労働疎外論と言い換えてもよいもので、労働が疎外されている、すなわち労働が自己活動ではなくて他人によって強制された労働となっていることに焦点を当てた議論である。そして労働がこのように疎外されているのは、労働がその生産物から分離されていること、言い換えれば労働が土地を代表とするそれの対象的諸条件から分離されていることに基づいている。後にこの系譜の疎外論は『要綱』においては生きた労働に対する死んだ労働または対象化された労働の支配として、また『資本論』では資本の本源的蓄積論において労働と所有の分離として展開されることとなる。したがってこの系譜の疎外論は、マルクスの経済学研究で労働疎外論として発展していく疎外論の本流であるといってよい。

他方で、貨幣疎外論は、もともとマルクスが「ユダヤ人問題によせて」で、貨幣を「暴利商業」において人間を支配する現世の神と把握したことに由来する。これを受けて「ミル評註」で貨幣は、社会的交通の疎外された形態である商業活動の媒介手段、すなわち生産物の交換の媒体として人間の社会的本質の疎外と捉えられた。これが貨幣疎外論である。しかし、この形態での疎外論は『要綱』の「貨幣章」までは保持されるが、『経済学批判』では貨幣疎外論の理論的枠組みどころか疎外という言葉まで消滅する。しかし、それは『資本論』において物象化論と物神性論となって理論的な発展を遂げていく。この経緯と論理については本書の対象外なのでこれ以上は論及しない。

前二者と異なり、「人間的生活の疎外」論[15]は、『経哲草稿』以降のどのマルクスの著作にもその発展した議論や記述は見出されない。わずかに『ドイツ・イデオロギー』における生命外化、自己活動の疎外としての労働の把握に見られるのみである。この系譜の疎外論は、人間的本質の概念を前提とする疎外論であり、その意味で「人間的本質の疎外論」と名付けるべきものである[16]。人間的本質の観点から私的所有の下での所有欲に支配された生活、単に動物的生存を保つだけの生活が人間の本質から疎外された生活として捉えられ、それに対して物質的生活の豊かさを土台に築かれる人間的諸感覚〔五感〕の形成を通じた社会的な自己享受を恒常的な現実として創造する生活が人間的本質の実現としての「社会主義としての社会主義」のもとに展望される。この疎外論は労働そのものをも疎外された活動として理解するので、人間の生存の前提である必要労働の量が縮小される未来社会の発展——必然性の国から自由の国への発展——を視野に入れた射程の長い人間解放論に受け継がれていくべきものだろう。

注

（1）　オイゼルマン／服部文男・大谷孝雄訳『マルクスの『経済学・哲学草稿』（青木書店、一九七六年）は、人間的本質の疎外論が展開されている「第三草稿」の「私的所有と共産主義」の断片の分析に十一ページも割いているが、そこに展開されている思想を疎外論とは見做していない。また渡辺憲正『近代批判とマルクス』（前掲）は「第三草稿」の主要な思想を疎外論として把握している唯一の文献であり、しかも疎外を人間の本質の疎外として理解し分析している点で教えられることが多い。ただし、氏の疎外把握には人間の本質の疎外を生活の疎外――功利的な生活――と理解する観点がない。

（2） フォイエルバッハも富としての文化と教養について語っている。「私は私の神のなかに、あらゆる財宝と貴重品との総体をもち、知る値打ちがあり考える値打ちがあるあらゆるものの総体をもっている。しかるに教養は外部に依存しさまざまな欲求をもっている。なぜかといえば教養は感性的な意識や生命そのものやの制限を再び感性的現実的な活動によって克服するのであって、宗教的空想の魔力によって克服するのではないからである。それ故にまたキリスト教は、すでにしばしば注意されたように、それの本質においては、文化や教養やのどんな原理も自己のなかにもっていない。なぜかといえばキリスト教は地上の生活の制限と重荷とをもっぱら空想によって克服し、もっぱら神のなかで・天国のなかで克服するからである。神は心情が欲求し且つ望むすべてのもの――すべての事物・すべての財貨――である。」（Feuerbach, *Das Wesen des Christentums*, a. a. O., S. 326. 邦訳前掲（下）五九頁）すなわち、フォイエルバッハによると、人間は宗教において文化と教養の富を神のなかに対象化してもっているのである。

（3） 細谷昂「共産主義の運動を通じて社会主義へ」細谷昂・畑孝一・中川弘・湯田勝著『マルクス経済学・哲学草稿』有斐閣新書、一九八〇年、第四章、一六四頁。

（4） すでにフォイエルバッハは科学を類的活動と捉えている。「意識があるところ、そこには科学のための能力が存在する。科学とは類の意識である。われわれは生活においては個体と交渉し、科学において類と交渉する。」(Feuerbach, a. a. O., S. ,37, 邦訳前掲（上）四八頁)

(５)マルクスは「『持つこと(Haben)』という範疇については『二十一ボーゲン』誌のなかのヘス〔の論文〕を参照せよ」と指示している(MEGA, I/2, S. 393,『経済学・哲学草稿』一二七頁)。岩波文庫の訳者注(二七一〜二七二頁)によると、ヘスの論文とは「行為の哲学」であり、そこは次のような文句があるという。「物質的財産とは、固定観念になった精神の対自存在である。この精神は労働を、つまり自己自身を形成し表出する働きを、自己の自由な活動、自己本来の生活として精神的に把握しないで、むしろ物質的な他者として把握しているから、この精神は自分が無限者のうちに失われてしまわないために、つまり対自存在に達するために、それを自分のために固く保持しなければならない。……それはまさに存在欲(*Seinsucht*)、つまり限られた個人として、制限された自我として、有限な存在として存在しつづけようとする欲求であり、これは所持欲(*Habsucht*)に通ずる。それはふたたび、一切の被規定性の否定であり、抽象的自我と抽象的共産主義であり、批判主義の空虚な物自体の帰結であり、革命の、そして存在と所持(*Sein* und *Haben*)とに導いた満たされざる当為の帰結なのである。〔括弧内は引用者によるものであり、また訳語も一部改めてある〕」(Moses Hess : Philosophische und sozialistische Schriften, 1837-1850, Eine Auswahl, hrsg. und eingeleitet von A. Cornu und W. Mönke, Akademie-Verlag, Berlin, 1961, S. 225 f., 邦訳『初期社会主義論集』モーゼス・ヘス／山中隆次・畑孝一訳、未来社、一九七〇年、九八〜九九頁)この文でヘスはマルクスと同様に「所持欲」に通ずる「制限された自我」を抽象的共産主義であるとして否定的に扱っている。

(６)工藤秀明「『経哲』第三草稿『自然の真の復活としてのゲゼルシャフト』論・覚書(下)」『経

済研究』千葉大学、第十二巻第一号、一九九七年六月、四九頁。

（7）小屋敷琢己「《物》の原理としての功利性への批判――『経済学・哲学手稿』の照準――」（『マルクスの構想力』前掲）は適切にも「効用性（Nützlichkeit）」を「功利性」と訳すことを提案し、「効用性」が功利主義と結びついていることを次のように説明している。「この用語（Nützlichkeit）がいわゆる〈功利主義 Utilitarianism〉の根本的価値を表す〈功利 Utility〉と極めて密接な連関（私にとってはほとんど同義である）をもった用語であることは、それほど深刻に受け止められてこなかったのではないか。」（同書七六頁）

（8）フォイエルバッハは宗教という精神的生産においてであるが、次のように人間の本質の対象化について語っていた。「人間は自分の本質を対象化し、そして次に再び自己を、このように対象化された主体や人格へ転化された存在者（Wesen）の対象にする。これが宗教の秘密である。」（Feuerbach, a. a. O., S. 前掲邦訳（上）九八頁）このようにフォイエルバッハにおいては自己の本質を「対象化する」人間は宗教的意識であると見做されているが、マルクスはフォイエルバッハの「本質の対象化」の概念を唯物論的に変化させ、労働し物質的に生産する存在としての人間に適用したのである。

（9）この概念はフォイエルバッハに由来する。次の用例を見よ。「もし植物が眼・趣味・判断力をもっていたとしたならば、そのときはどの植物も自分の花こそ最も美しい花であると断言するだろう。なぜかといえばその植物の悟性やその植物の趣味はその植物の生産する本質力（die produzierende Wesenskraft）以上には達しないだろうからである。或る〔植物の〕生産する本質力が最高のものとして作り出すものはまた、その植物の趣味・その植物の判断力が最高のものとして確認し且つ承認するものでなければならないだろう。」（Feuerbach, a. a. O., S. 46, 前掲邦訳五九頁）

（10）山本雄一郎「初期マルクスの経済的疎外論」『商大論集』、兵庫県立大学神戸学園都市キャンパス学術研究三十三号（一―二）、一九八一年八月、一六四頁。

（11）芝田進午『人間性と人格の理論』（青木書店、一九六一年）一四三頁。

（12）人間がその本質の対象化を私有財産という疎外された本質として直観するのは、ちょうど宗教において人間がその本質の対象化を神という疎外された存在者のうちに直観するのと同様である。この疎外をフォイエルバッハは次のように表現している。「人間は自分の本質を自分の外に〔神に―引用者〕直観し、且つこの存在者（Wesen）〔神―引用者〕を善として直観する。」（Feuerbach, a. a. O., S. 77, 前掲邦訳（上）九九頁）

（13）『ドイツ・イデオロギー』では次のように述べられている。「われわれはただ一つの科学、歴史の科学だけを知っている。歴史は二つの側面から考察され、自然の歴史と人間の歴史とに分けられる。」（MEW, Bd. 3, S. 18）

（14）アグネス・ヘラーは『マルクスの欲求理論』（良知力・小箕俊介訳、法政大学出版局、一九八二年）で第二章の副題に「欲求の疎外」を掲げ、次のように欲求の豊かな人間の発展にとっての欲求の疎外の積極的意義について語っている。「マルクスの解釈においては、疎外は類的本質ないし人間的本性のずっと以前から『仕上がっている』『歪み』の一種とはちがい――人間の本質は疎外そのもののなかで発展し、かつ疎外が『欲求の豊かな』人間の発展を可能にする。」（同書四三頁）

（15）これは人間本質論を前提にした疎外論と見做すことができる。こうした人間本質論が唯物史観の根底にあることを主張する次のような見解に筆者は賛成する。「人間本質論と唯物史観とを一体的に把握する必要があるのは、人間本質論が人間のあり方を問うものであり、唯物史観が人間の社会とその歴史の唯物論的把握である以上、唯物史観の根底には人間本質論があり、人間本質論は唯物史観によってより全面的に展開されうることになるからである。人間本質論にたいする深い洞察なしに唯物史観を論じることは、唯物史観そのものをきわめて貧弱なものにしてしまうことになるであろう。」（岩佐茂「疎外論の基本的な枠組み」、『マルクスの構想力』前掲、三四～三五）ただし、「フォイエルバッハ・テーゼ」の第六テーゼにおいて「人間的本質」が「社会的諸関係の総和」であると現実的に捉えられたこと、ならびに『ドイツ・イデオロギー』（vgl. MEW, Bd. 3, S. 475）や『共産党宣言』（vgl. MEW, Bd. 4, S. 486）において「人間的本質の外化」を語るヘスやグリューン（Karl Theodor Ferdinand Grün, 1813-1887）の真正社会主義が批判されていることを考慮するならば、その当時のマルクスが以前の自らの人間的本質にかんする議論を自己批判していたことは明らかである。だからといって今の時点で人間本質論を否定する必要はないが、そうした思想形成史上の事実を認めた上で、改めてマルクス主義哲学の再検討と再構成を行うことこそが正しい道筋であると考える。

（16）『経哲草稿』のなかには「人間的本質の疎外」または「人間的本質を疎外する」という表現は少なくとも次の二箇所ある。

①「疎外された労働は、人間から彼自身の身体を、同様に彼の外にある自然を、また彼の精神的本質を、要するに彼の人間的本質を疎外する。」（MEGA, I/2, S. 370,『経済学・哲学草稿』九七頁）

②「フォイエルバッハの偉業とは、つぎのようなものである。（1）哲学は、思想のなかにもたらされた思惟によって遂行された宗教にほかならず、したがって、人間的本質の疎外のもう一つの形式、現存様式として〔宗教と〕同様に断罪されるべきだ、ということを証明したこと。」（ebenda, S. 400, 同上一九一頁）

補論（四）　マルクスによる「外化」、「疎外」、「対象化」、「非対象化」および「発現」の概念の用法

一　「外化（Entäusserung）」、「疎外（Entfremdung）」および「対象化（Vergegenständlichung）」の関連

マルクスは「外化」について次のように説明している。

「労働者が彼の生産物のなかで外化するということは、ただ単に彼の労働が一つの対象に、ある外的な現実的存在になるという意味ばかりではなく、また彼の労働が彼の外に、彼から独立して疎遠に現存し、しかも彼に相対する一つの自立的な力になるという意味を、そして彼が対象に付与した生命が、彼に対して敵対的にそして疎遠に対立するという意味をもっているのである。」（MEGA, I/2, S. 365,『経済学・哲学草稿』八八頁）

すなわち「外化する」ということは二重の意味をもっている。第一の意味は、労働者の労働が一つの対象になるという意味であり、第二の意味は、彼の労働が彼から独立して疎遠に現存するという意味である。そして第一の意味が労働の対象化であり、第二の意味が労働の疎外であることは、次の引用文から明らかである。

「さらにこの事実は、労働が生産する対象、つまり労働の生産物が、一つの疎遠な存在として、

生産者から独立した力として、労働に対立するということを表現することに他ならない。労働の生産物は、対象の中に固定された、事物化された労働であり、労働の対象化である。労働の実現は労働の対象化である。国民経済的状態の中では、労働のこの実現が労働者の非現実化として現われ、対象化が対象の喪失および対象への隷属として、獲得が疎外として、外化として現われる。」(ebenda, S. 364-5, 同上八七頁)

すなわち、「労働者の労働が一つの対象になる」という場合の対象とは「労働の生産物」であり、「労働の生産物」とは「労働の対象化」である。他方、国民経済学的状態の中で「対象化が対象の喪失および対象への隷属として」現われるのは、「疎外として」現われるのと同じである。したがって、ここから分かることは、労働者の外化は労働の対象化という契機とともに労働の疎外という契機をももっているということである。これが「外化」、「疎外」および「対象化」の関連である。

二 「疎外」と「対象化」

以上から明らかなように、マルクスにおいては「外化」において生じる「疎外」と「対象化」は明確に区別されている。そしてマルクスにとっては労働の「疎外」を止揚することが、労働者階級の解放を導く重要な課題である。したがって労働の「疎外」を無くしても労働の対象化、すなわち労働の生産物が無くならないことは明白である。ところが、マルクスによるとヘーゲルの

『精神現象学』においては、「外化」の止揚においては、「疎外」が止揚されるばかりでなく、対象性も止揚されてしまうという。

『精神現象学』においては宗教を絶対知に導くことが最後の課題である。というのは、宗教は絶対者を実体としてはいるが、主体は未だ意識の形態のままにとどまっている。したがって、宗教が絶対知に達するためには意識が自己意識になること、すなわち意識の対象を克服して自己意識となることが必要である。すなわち、

> 「それゆえ、意識の対象を克服することが肝要となる。対象性そのものは、人間的本質に、自己意識に相応していない疎外された人間の関係であると見做される。したがって、疎外という規定のもとで疎遠なものとして生み出された人間の対象的本質をふたたび獲得するということは、たんに疎外を止揚するという意味だけでなく、対象性を止揚するという意味を持っている。したがって人間は、対象的ではない唯心論的な存在と見做されるのである。」（ebenda, S. 405, 同上二〇〇～二〇一頁）

すなわち、ヘーゲルの対立図式においては主体は意識、自己意識および精神などの観念的存在であり、客体は自然、生命、世界および社会（国家権力や財富）などの物質的存在である。その意味において主体の対象化は、精神的存在が物質的存在となることであり、言い換えれば主体にとって外的存在あるいは他在となることであるので、それは同時に主体にとっては疎外となる。

客体が対象性を有しているので、非対象的存在である主体にとっては対象性そのものは疎外された存在だと見做される。したがって、疎外を止揚することは同時に対象性を止揚することになる。これが右のマルクスの引用文が言わんとすることである。

他方、フォイエルバッハの人間学的唯物論を摂取したマルクスにとって、主体は自己意識ではなく、感性を持つ物質的存在たる人間であり、客体である自然は人間の非有機的身体である。したがって、マルクスにとって主体と客体の関係は、客体は主体の対象であるが、両方とも対象的、物質的存在であり、両者の関係には疎外はない。疎外があるとすれば客体の特定の形態だけにある。この点をマルクスは次のように指摘している。

「われわれはすでに見た。疎外されている対象的本質をわがものとする獲得、あるいは疎外――それはどうでもよいような疎遠性から現実的な敵対的疎外にまで進まざるをえないのだが――の規定のもとでの対象性の止揚は、ヘーゲルにとっては、同時に、あるいはむしろ主として、対象性を止揚するという意味を持っている。というのは、自己意識にとって疎外における障害となるものは、対象の特定の性質ではなくて、その対象的な性質だからである。」(ebenda, S. 410, 同上二〇九～二一〇頁)

つまりマルクスによれば、ヘーゲルにおける「疎外」と「対象性」の同一視と混同は究極的にはヘーゲルの観念論的な哲学に起因するのである。この点はヘーゲルの疎外論の欠陥として指摘しておかなければならない。この点をルカーチは次のように指摘している。「第一に同一的主観＝客観という観念論的構想が対象性一般の止揚を要求するのである。[1]」しかし、重要なのは、ヘーゲが『精神現象学』において精神の外化の過程において疎外と対象化の契機をはじめてとらえていることである。したがって、ルカーチのように「疎外と対象性一般との同一視[2]」をヘーゲルの誤りとして一方的に指弾するのではなく、ヘーゲルが観念論的立場に立ちながらも「外化とその止揚」の運動において「疎外」と「対象化」の契機を捉えたことを評価すべきである。

三　“Entgegenständlichung”の訳語と意味内容

第七章第四節の冒頭で引用したマルクスのヘーゲル評価の中で用いられている“Entgegenständlichung”の訳語と意味内容について一時論争があった。そこでまず、この言葉が用いられている文を再度引用する。

「ヘーゲルの『現象学』とその最終的な成果とにおいて——運動し産出する原理としての否定性の弁証法において——偉大なるものは、なんといっても、ヘーゲルが人間の自己産出を一つの過程としてとらえ、対象化（Vergegenständlichung）を Entgegenständlichung として、外化（Entäusserung）として、およびこの外化の止揚としてとらえているということ、こうして彼が労働の本質をとらえ、対象的な人間を、現実的であるゆえに真なる人間を、人間自身の労働の成果として概念的に把握しているということである。」（ebenda, S. 404-405, 同上一九九頁）

最初に問題となったのは“Entgegenständlichung”という語の成り立ちである。当初は“Entgegen-ständlichung”のようにEntgegenが接頭辞と解釈されたために「対置化」とか「向かい合わせに置くこと」と訳されたが、これは接頭辞の誤った解釈に基づく間違いである。正しくは、“Ent-gegenständlichung”のようにEntを接頭辞と見做して、gegenständlichungを語幹と考えることである。そのように解釈したうえでなおその訳語の表現と意味内容に関して論争が起きた。最初にEntを接頭辞と見做して訳語とその解釈を提示したのは、藤野渉である。藤野はこの語を「対象性をなくすること」と訳し[3]、その意味内容を「外的な無思想な対象性を揚棄すること」[4]であるとした。後に藤野が翻訳した『経済学・哲学手稿』（大月文庫、一九六三年、二一六頁）では「対象性剝奪」という訳語が充てられたが、その意味は「対象性をなくすること」と同じである。そして「この『対象性をなくすること』は、私有財産（富）を労働による人間的本質の『対象化』としてとらえることである」[5]という。しかし、この解釈には問題がある。というのは、次のような理由からである。ヘーゲルが「対象化（Vergegenständlichung）」をEntgegenständlichungとしてとらえたことをマルクスが「偉大なるもの」とまで評価したことを考慮すると、ヘーゲルがここで行ったことを私有財産を労働の対象化としてとらえた国民経済学の功績と同レベルのものとしか見做さないのはマルクスのヘーゲル評価を真に汲んだものとは認められない。以上の理由から藤野訳は採用できないと考える。

それではEntgegenständlichungはどのように訳し、どのような意味内容を持つと見做すべきか。

訳し方に関しては、語幹の gegenständlichung を生かすべく「対象化」の語を一部に残すことが必要である。その際参考とすべきは、Entwirklichung を日本語として定着している「非現実化」と訳していることである。つまりこれを適用して「非対象化」と訳すことを提案する。その意味内容は「対象の喪失および対象への隷属」(ebenda, S. 364-5, 同上八七頁) であると考える。その理由は、Entgegenständlichung は、マルクスの引用文においては「外化」と等置されているので、「疎外」の意味に近い概念と見做すべきだからである。その意味では、この語を「対象剝離」(岩波文庫) とか「対象の離反」(青木文庫) と訳してもそう大差はないと考えられる。なおこの問題に関する論争についてはすでに細見英が『マルクス・コメンタールⅡ』(現代の理論社、一九七二年) でまとめているので、ここでは触れなかった。

四 「外化 (Entäusserung)」と「発現 (Äusserung)」の用法

Entausserung は Äusserung に Ent という接頭辞が付与されたものなので、言わば Äusserung の疎外態であると言ってよいだろう。Äusserung は äussern の名詞形であり、äuser (外の) を変化形であるから、本来は「外化」と訳すのが適当であるが、「外化」は Entausserung の定訳となっているので、Äusserung の方は「発現」と訳されている。「発現」とは、内なるものが外へと現われ出ることであるが、そう言ってしまえば、「外化」と同じ意味になってしまうので、それを言い換えて、潜在的な物が「顕在化する」、あるいは「表面化する」ということになるだろう。それは「対象化」に近い意味があるといっていいだろう。その意味では Äusserung と Entäusserung の関係は、Vergegenständlichung と Entgegenständlichung との関係に近いといえる。つまり「外化（Entäusserung）」は「発現（Äusserung）」されたものが自立化して、逆に内なるものに向かってくるという事態を指すものと思われる。しかし、どちらの語も「内なるもの」を「外に」表わすという意味を含んでいるので、ヘーゲルの『精神現象学』においては「外化」や「発現」の程度が精神の大きさを表わす尺度とされている。しかし、「外化（Entäusserung）」は「発現（Äusserung）」の疎外態であることに変わりはない。そこでマルクスの用例でそれを確かめたい。『経哲草稿』においては「発現（Äusserung）」が単独で用いられた例はないが、他の語と結合して用いられている例がある。

「したがって、ヘーゲルは、自己自身に関係させられた否定の肯定的な意味を――またしても疎外された仕方においてであるが――とらえることによって、人間の自己疎外、本質外化（Wesensentäusserung）、非対象化、非現実化を自己獲得、本質発現（Wesensäusserung）、対象化、現実化としてとらえている。」（ebenda, SS. 413-414, 同上二一七頁）

見られるように、この文においては、「発現」は「対象化」と等値され、「外化」は「疎外」と等値され、「発現」と「外化」は対立的な意味で用いられている。したがって、先に記した筆者の考えはこれらの語のマルクスの用い方と一致していると思われる。

なお「外化（Entäusserung）」の反対語は「内化〔想起〕（Erinnerung）」であるが、「発現（Äusserung)」の反対語は存在せず、またäussernの反対語にみえるinnernは「内部の」という形容詞で、Innernは「内部」という名詞であることを付言しておく。

注

（1）Georg Lukacs, *Der junge Hegel*, Bd.2, suhrkamp, 1973, S. 804, ルカーチ著作集11『若きヘーゲル（下）』（白水社、一九六九年）四七六頁。

（2）Ebenda, S. 849, 同上五二四頁。

（3）藤野渉『マルクス主義と倫理』（青木書店、一九七六年）91頁。初出「人間疎外の理論――マルクス『経済学・哲学手稿』における疎外概念の検討」『唯物論研究5』一九六一年。

（4）同上九八頁。

（5）同上九九頁。

第七章　「フォイエルバッハ・テーゼ」の思想的境位

はじめに

「フォイエルバッハ・テーゼ（Thesen über Feuerbach）」（一八四五年、以下「テーゼ」と略記）はマルクスの死後、エンゲルスによる『フォイエルバッハ論』の作成の準備過程で発見された。執筆時期はエンゲルスの証言では一八四五年の春とされたが、MEGA編集者によると同年の四月から六月初めまでの時期であると推測されている（vgl. MEGA, IV/3, S. 490）。

「テーゼ」に盛られた思想は、すでにわが国でも戦前の旧唯物論研究会を中心に論争の的になったが、その議論はスターリン主義の枠内におけるものであり、狭く認識論上の問題として扱われるという限界があった。戦後に入ると、一九六五年にフランスのマルクス主義哲学者のアルチュセールが「テーゼ」を『ドイツ・イデオロギー』とともに「認識論上の切断期」（一九四五年）の著作と位置付け、『経哲草稿』のヒューマニズムが「テーゼ」で払拭されたと論じた。わが国でも廣松渉が一九六八年以降の一連の著作のなかで第六テーゼの「人間的本質は社会的諸関係のアンサンブル〔総和〕である」という命題に「主体概念の転換」を見て、「物象化論から疎外論へ」というパラダイム・チェンジがマルクス思想に起きたとの説を唱えた。これに対して初期マルクスの思想を重視する研究者たちは『経哲草稿』と「テーゼ」には連続性があると主張している。すなわち、「テーゼ」をめぐる研究者の状況はこうである。「マルクスは一八四四年の草稿でフォイエルバッハを賞賛したが、『テーゼ』では彼を批判している。この結果、多くの研究者たちは『ドイツ・イデオロギー』とともに『テーゼ』を一八四四年の後にマルクスの見方に起きた変化の一部に分類することとなった。他方で、『テーゼ』を一八四四年の草稿と一般的には連続していると見做す研究者もいる。[1]」

「テーゼ」の思想内容の検討に入る前にそれがどのように書かれたものかについて簡単に説明しておく必要がある。というのは、それはマルクスが一気に書いたものではなく、時間をおいて書かれたものだからである。まずマルクスは第一テーゼを書き、それに（1）」と番号を付け、その後にテキストの先頭に“ad Feuerbach”と記し、続けて次のテーゼを書くごとにそれに番号を付け、最後に第十一テーゼを書く前に水平線で区切ったということである（vgl. ebenda）。このことの意味は、マルクスは第一テーゼで総括的なフォイエルバッハ批判を行ったが、それで終わらずに第十テーゼまで書き続け、最後に追加的結論として第十一テーゼを記したということである。以上を前提に「テーゼ」の思想の検討に入る。

「テーゼ」はすでに述べたように十一項目から成っているが、ここでは「テーゼ」の主要な思想を表現している第一、第二、第六、第十および第十一テーゼを分析対象とする。

第一節　対象の主体的把握

フォイエルバッハの諸著作と哲学は『経哲草稿』の「序文」で次のようにマルクスによってまさに讃美されている。

「実証的な人間主義的および自然主義的批判は、まさにフォイエルバッハからはじまる。ヘーゲルの『現象学』と『論理学』以来、真の理論的革命を内に含んでいる唯一の著作であるフォイエルバッハの著書の影響は、もの静かであるがそれだけまた、より確実、より深刻であり、より広汎、より持続的である。」(MEGA, I/2, S. 326.『経済学・哲学草稿』一三頁)

ここでフォイエルバッハからはじまるとされているのは「実証的な人間主義的および自然主義的批判」であるが、人間主義および自然主義こそ『経哲草稿』のマルクスが立脚した思想であり、したがってこの言葉によってマルクスは『経哲草稿』においてはフォイエルバッハの思想的立場に立っていることを告白しているのである。したがって、この点からすれば、『経哲草稿』におけるマルクスの思想的立場とフォイエルバッハの思想を批判的に克服した「テーゼ」のそれとの間には差異、つまり質的に異なる発展がある。

さらに、マルクスは次の文に見られるようにフォイエルバッハを「古い哲学を真に克服した人」と評価している。

「フォイエルバッハは、ヘーゲル弁証法に対して真剣な批判的な態度をとって、この領域で真の発見をした人であり、一般的に言って古い哲学を真に克服した人である。この業績の偉大さと、フォイエルバッハがそれを世に問うた際のもの静かな素朴さとは、〔あの批判家たちの〕これと正反対の態度に対して驚くべき対照をなしている。」(ebenda, S. 400, 同上一九一頁)

古い哲学とはヘーゲルに至るまでの伝統的な哲学であり、フォイエルバッハがこれを真に克服した人であるとマルクスが評価したのは、彼がヘーゲル弁証法に対して真に批判的な態度をとったからである。しかし、マルクスによれば、フォイエルバッハがヘーゲルの「否定の否定」を神をいったん否定したあとでそれをさらに否定して神学を再興したと解釈したのに対して、ヘーゲルは否定の否定の弁証法によって歴史の運動を抽象的にであるが表現し、歴史における人間の自己確証行為を見出したという。つまり、マルクスはヘーゲルを再評価しているのである。このように『経哲草稿』のマルクスは、フォイエルバッハの圧倒的な影響下にあって、ヘーゲルの弁証法を肯定的に評価したので、そうしたヘーゲルの積極的な評価は言わばフォイエルバッハ礼賛のもとで顕在化しなかったのである。このようなフォイエルバッハとヘーゲルの二様の評価は「テーゼ」で逆転するが、それは実践概念の把握を通じてである。

そこでまずはじめに第一テーゼを見てみよう。

「これまでのすべての唯物論（フォイエルバッハのそれをも含めて）の主要な欠陥は、対象、現実、感性が、ただ客体または直観という形式のもとでのみ捉えられているが、しかし、感性的・人間的な活動、実践として、すなわち主体的に捉えられていない、ということである。それゆえ、活動的な側面は、唯物論と対立して、抽象的に観念論――もちろん、それは、現実的で感性的な活動そのものを知らないのであるが――によって展開される。フォイエルバッハは、感性的な――思想的客体から現実に区別された客体を欲する。しかし、彼は、人間的な活動そのものを対象的な活動として捉えていない。したがって、彼は、『キリスト教の本質』においては、ただ理論的な態度だけを、真に人間的な態度と見做しており、他方では、実践は、ただその汚いユダヤ人的な現象形態でだけ捉えられて、固定される。したがって、彼は『革命的な』活動、『実践的・批判的な』活動の意義を理解しない。」（MEGA, IV/3, S. 19,『[新版]ドイツ・イデオロギー』一〇九～一一〇頁）

「対象」とはもともとヘーゲルの『精神現象学』に登場した意識の他在、すなわち意識の対立物を表わす概念であり、ヘーゲルが自己意識と精神の運動によって克服していくもの、すなわち意識と精神にとっては消えゆくものである。フォイエルバッハはヘーゲルのこの観念論的立場を転倒させ、人間の「対象、感性、現実」を自然と同じく第一に前提すべき出発点においたのである。したがって、「対象、感性、現実」は自然と同じではあるが、それらはあくまで自然が人間においてある在り方である。それらをフォイエルバッハは直観の対象、客体の形式でのみ捉えた。

これが彼の欠陥である。これに対してマルクスが対置した立場は「感性の主体的把握」である。その第一点は、人間にとって自然は人間自身であるとともに労働、実践の対象なのであって、労働、実践の所産である、ということである。したがって、「対象、感性、現実」はまず第一に労働、実践の産物であるという意味で、主体的に捉えられなければならないのである。こうした把握の正しさは、物質的な産業の発達の結果、いまでは人間の労働の手が加えられていない自然は絶海の孤島以外には存在しないということによって証明されている。第二点は、人間的な活動、すなわち実践を対象的な活動、「人間的・感性的な活動」（第五テーゼ）として捉えるべきであること、すなわち逆にいえば、感性を実践として捉えることである。というのは、フォイエルバッハにおいては人間的な活動、実践は、「汚い商売」としてしか見做されないからである。したがって、総じてフォイエルバッハはマルクスによって「革命的な」活動、「実践的・批判的な」活動の意義を理解していないと言われるのである。まさにこのような意味では、第一テーゼは、「感性的世界を、それを作る諸個人の生きた感性的活動全体として把握する」（DI, S. 11, 同上三三頁）《実践的唯物論》の宣言であると言ってよいだろう。

第二節　思考の現実性としての真理と実践

マルクスはすでに『経哲草稿』で実践の意義を強調していた。それは次の有名な一節においてであった。

「主観主義と客観主義、唯心論と唯物論、〔能動的〕活動と〔受動的〕苦悩とは、社会的状態のなかで初めて、それらの対立を、それとともにこのような対立としてのそれらのあり方を失うことは、明らかである。理論的な諸対立の解決でさえも、ただ実践的な仕方でのみ、人間の実践的エネルギーによってのみ可能であり、だから、その解決はけっしてたんに認識の課題であるのではなく、現実的な、生活の課題であること、しかも哲学はそれをただ理論的な課題としてだけ捉えたからこそ、それを解決できなかったということも、明らかである。」(MEGA, I/2, S. 395.『経済学・哲学草稿』一四一頁)

これまでの哲学における理論的な諸対立がただ実践的な仕方でのみ解決されるという考えはフィオエルバッハの諸著作を読んでマルクスなりの仕方で「発見」されたものであると言ってよい。また理論的な対立の中に唯物論と唯心論が挙げられていることは、こうした発見自体が唯物論の地平に立ってのものではなく、むしろいまだ理論家ないしは哲学者の立場に立ってなされたことを物語っている。すなわち、マルクスはこの言葉でやっと理論的対立を止揚する実践の意義と重要性の認識に達しただけなのであって、まだ実践から出発する立場には至っていないというべきであろう。この点からすれば、次に示す「テーゼ」の第二は、マルクスがすでに実践を前提にして実践から出発していることを表わしている。

「人間の思考に対象的な真理が到達する（zukomme）かどうかという問題は――何ら理論の問題ではなく、実践的な問題である。実践において、人間は真理を、すなわち、彼の思考の現実性と力、その此岸性を証明しなければならない。思考が現実的であるか、それとも非現実的であるか、に関する論争は――この思考が実践から遊離していると――純粋にスコラ的な問題である。」（MEGA, IV/3, S. 20,『〔新版〕ドイツ・イデオロギー』一一〇頁）

すなわち、ここでは人間が思考において真理を獲得するということは実践にとってのみ意味のある問題であることが指摘されている。実践と結合した思考にとってこそ思考が真理に到達したかどうかは真に意味のある問題となるのである。したがって、ここでは真理の認識が実践によって検証されるというレーニン的な認識論上の問題が取り上げられているのではない。むしろここでマルクスは、はじめて理論と実践の統一が問題となる次元に到達し、実践に踏み出した立場を打ち出したものだと解釈すべきである。（なおこのテーゼのなかの zukomme を「（〜）に属する」と訳すべきとする解釈があるが、[2] zukommen はここでは特別な哲学的意味で用いられているのではなく、英語の come up to（「（〜）に達する」の意味）で置き換えられる日常語であると見做すべきであることを付言しておきたい。）このように『経哲草稿』と「テーゼ」には無視し得ない思想の発展と差異が認められるのである。

第三節 人間的本質＝社会的諸関係の総和

「人間的本質（das menschliche Wesen）」はフォイエルバッハの概念であり、その意味内容はほぼ「類的本質（Gattungswesen）」と同じであると言ってよいだろう。これらの概念はもともとフォイエルバッハの宗教批判において積極的な役割を果たした。すなわち宗教における神は人間の類的本質である人間的本質が有限な個人から疎外されて対象化された普遍的存在にすぎないので、神の属性である人間的本質が認識されれば、神の自立性は自ずから解消されるとされた。第六テーゼにおけるフォイエルバッハの「人間的本質」に対するマルクスの批判を目の当たりにする前に、この概念が宗教批判において果たした積極的な役割を忘れてはならない。フォイエルバッハの「人間的本質」は、宗教批判の武器としては、これまでの思弁的観念論にはなかった現実的な人間の理性・意思・心情や人類としての全能性や完全性という内実があった。これをマルクスは『経哲草稿』で受け継いで、人間の内的な素質や能力を「人間的本質」という概念で表わし、産業の生み出す物質的富を「人間的本質」の対象化と見做し、その富の功利的な性格を指して「人間的本質の疎外」と表現した。ただし一方では、マルクスには、「ヘーゲル法哲学批判序説」で表明されたように、人間を国家、社会といった人間の世界と理解する思想が以前から存在した。これはマルクスがヘーゲルの客観的観念論を自己の哲学の拠り所としていたことによるものである。したがって、宗教批判が終了して、宗教の存在の根底にある国家、社会の分裂・転倒の批判が時代の要請になってくると、フォイエルバッハの「人間的本質」の内実は抽象物としてしか見えなくなり、人間の「社会的本質」〔モーゼス・ヘスの概念〕が問題となった。しかし「本質」とは具体的存在を表わすには不適当な概念であり、「ミル評註」で社会的関係の概念を獲得したマルクスは以下のように第六テーゼにおいて「人間的本質」を「社会的諸関係の総和」であるとしたのである。

「フォイエルバッハは、宗教的な本質を人間的な本質へ解消する。しかし、人間的な本質は個々の個人に内在する抽象物では全くない。それは、その現実においては、社会的な諸関係の総和〔アンサンブル〕である。

この現実的な本質の批判には立ち入らないフォイエルバッハは、したがって次のようにならざるをえない。

一．歴史的な経過を捨象して、宗教的な心情をそれだけで固定し、抽象的――孤立した――人間的な個人を前提する。

二．したがって、本質は、ただ『類』として、内的で沈黙した、多くの個人を自然的に結びつける一般性としてだけ捉えられる。」(ebenda, SS. 20-21, 同上一一二)

したがってフォイエルバッハの「人間的本質」は人間の「類」としての一般性という「抽象物」であるとして否定され、「社会的諸関係の総和」という人間の「現実的な本質」の批判こそが重要であるとマルクスは主張するのである。それゆえ、『経哲草稿』において展開された人間の内的素質や能力としての「人間的本質」の概念は否定されなくとも言わば「引っ込められて」しまった。この点からも、『経哲草稿』と「テーゼ」の間には連続性よりも差異の方が優位に存在すると見做すべきである。

ところで、この第六テーゼの解釈の仕方において問題点が二つある。というのは、次のような見解があるからである。「これ〔第六テーゼ〕は、マルクスによると、人間の本質または、普段の私の言い方では、人間性のようなものはまったく存在しないという意味にしばしば受けとられてきた。だが、そうではなくむしろ、人間はどの時代でもそれが何であるかは『社会的諸関係の総和』によって決定されるのである。[3]」すなわち、第一は、「人間的本質」を「人間性（human nature)」と考えて、第六テーゼは人間性の存在を否定していると主張することができるかという問題である。第二は、「人間的本質」を「社会的諸関係の総和」であるとした考えを、例えば、「人間は社会的存在である」というような今では常識的な見方と同一視することができるかという問題である。

第一の問題に関して言えば、フォイエルバッハの「人間的本質」は「歴史的経過を捨象」して「固定」された永遠の人間の本質を指すものであり、そのかぎりでは「人間性」と同一の概念であると考えてよいだろう。そしてそのようなものとしての「人間的本質」は、第六テーゼを読むかぎりでは、マルクスによって否定されていると見てよいのではないか。しかし、『経哲草稿』で示された人間の内的な素質や能力としての「人間的本質」は永遠の本質ではなく、歴史的に発展していくものなのでこの「テーゼ」の段階で否定されていると見做すのは早計であろう。ところが『ドイツ・イデオロギー』の段階になると、「人間的本質」という言葉自体が哲学用語と見做され、使用さえも拒否されている。このようにマルクスの思想形成史においては、この問題の扱い方は確かにさまざまに変化している。しかし、この点を別として、現在のマルクス主義の観点からこの問題について考えるならば、「人間性」は「人間的本質」と同様に否定されるべきではないというのが筆者の見方である。

第二の主張にみられる「人間は社会的存在である」という命題は、「人間は（具体的には奴隷であり、農奴であり、労働者であるという意味で）社会的に規定されている」という命題に言い換えることができるだろう。そういう意味では、この命題は人間の存在規定を正しく表現している。それに対して、「人間的本質は社会的諸関係の総和である」という命題は、もっと簡単に言えば「人間とは社会のことである」という命題にほぼ等しいと言えるだろう。「人間的本質」の原語の das menschliche Wesen は「人間的存在（者）」とも訳せるものであり、もともと「本質」という抽象的意味にのみ解釈する必要はない。また「社会的諸関係の総和」とは「社会」という言葉で表象されるものの科学的に厳密な規定であると考えられる。こうした点からすれば、「人間は社会的存在である」という命題は、「人間的本質は社会的諸関係の総和である」という命題を、人間を具体的に諸個人として捉える視点――例えば、「トムは資本家であり、マイクは労働者である」という視点――から捉えたものであると言ってよいだろう。

第四節　新しい唯物論と人間的社会の立場

第十テーゼは次のとおりである。

「古い唯物論の立場は、ブルジョア社会（die bürgerliche Gesellschaft）であり、新しい唯物論の立場は、人間的な社会（die menschliche Gesellschaft）、または社会的な人類（die gesellschaftliche Menschheit）である。」（ebenda, S. 21, 同上一一三頁）

このテーゼには解釈上の論争点が三点存在する。第一は die bürgerliche Gesellschaft を「市民社会」と訳すか「ブルジョア社会」と訳すかである。この論争点は、第二の論争点、つまり die menschliche Gesellschaft の menschliche を「人間的な」という規範的な意味に理解するか、それとも「人間の」という意味の単に記述的な意味で理解するかという点と関連している。「テーゼ」では menschliche という語は計十一回使用されており、そのすべてが記述的意味で用いられているわけではない。そこで menschliche を規範的な意味に理解すれば、「人間的な社会」とはマルクスの目指す未来の共産主義社会であるので、die bürgerliche Gesellschaft は当然に「ブルジョア社会」と訳し理解することになる。他方、二語とも逆の意味に解釈すれば、一方は「市民社会」、他方は「人間の社会」となり、両社会は対照的な意味をもつ社会にはならない。したがって、「新しい唯物論」を「古い唯物論」に対立させている文脈からすれば、二つの社会は対立的な意味を持たねばならず、したがって「ブルジョア社会」と「人間的社会」を対比させる最初の解釈の方が適切だと見做すべきである。実際、エンゲルスが補筆した「テーゼ」においては、原文では die bürgerliche Gesellschaft は die *"bürgerliche"* Gesellschaft のように bürgerliche が引用符付きでイタリック体で強調されており (vgl. MEW, Bd. 3, S. 535)、明らかに「ブルジョア社会」と読ませようとするエンゲルスの意図が見て取れる。

第三点は、「社会的な人類 (die gesellschaftliche Menschheit)」の意味をどう理解すべきかである。つまり「社会的な (gesellschaftliche)」という言葉が記述的な意味しかないのかそれとも規範的な意味をもつのかという点である。この点については、われわれは「ミル評註」において「社会的な」という概念が「類的な」という概念と同様の価値的、規範的概念として用いられていたことをすでに見た。そして、この場合にもエンゲルスに助け船を求めれば、彼はこの言葉を die vergesellschaftete Menschheit と修正している。つまり和訳すれば「社会化された人類」となり、「社会化された」という規範的な意味がエンゲルスによって付け加えられ、未来の人類のあり方を指していることが分かる。このエンゲルスの修正を余計なことと見做すへそ曲がりでもないかぎり、このような解釈が適切であるのではないかと思われる。

以上の論争点の筆者なりの解決に基づけば、第十テーゼは、古い唯物論はブルジョア社会の立場に立脚しており、それに対してマルクスの新しい唯物論の立場が未来の人間的な社会の立場に立っていることを明言していると見られる。この意味で第十テーゼは、マルクスの新しい唯物論が批判的、価値的および規範的立場と密接に結びついていることを明示している。

第五節　世界の解釈から変革へ

追加的および総括的結論としての第十一テーゼは、次のような内容である。

「哲学者たちは、世界をさまざまに解釈してきただけである。肝心なのは、世界を変革することである。」(ebenda, 同上)

まず「哲学者たち」とはだれを指すのか。フォイエルバッハを含むヘーゲル左派の哲学者たちなのか、それともマルクス以前のすべての哲学者たちを指すのか。前者を指すのであれば、ヘーゲルまでの伝統的な哲学とマルクスは縁を切っていないことになる。後者を指すのであれば、マルクスはこのテーゼによって哲学そのものから脱却し、新しい変革の思想に転換したことになる。判断の決め手になるのは、この第一文が現在完了形で書かれていることである。すなわち、マルクスはマルクス以前のすべての哲学者を批判しているわけである。批判の理由は、彼らがただ世界を解釈してきただけであるから、である。それに対置する自己の立場が「世界を変革する」ことを目指すことであるかぎりでは、マルクスはここで哲学と絶縁宣言をしたことになる。したがって、「世界を変えるということは、これまでの哲学をそのまま現代社会に応用することで解決することなのか、それとも現実を変革する新しい哲学を創始することなのか、それが今ひとつ不分明である」[4]という疑問が出されているが、そうした疑問が生まれるはずがないほど、マルクスは哲学から脱却する立場を明確にしているのである。しかし、それによって自己の依って立つ立場をマルクスは「新しい唯物論」としか規定していない。

それでは「新しい唯物論」とは何なのか?・それは、「テーゼ」の文面から判断すれば、自然だけに適用されるだけでなく、人間の社会に押し広げられた唯物論であると言ってよいだろう。だが、「テーゼ」には歴史は登場しない。したがってそれは史的唯物論ではない。しかし、この唯物論の成立を告げた第一テーゼと結論の第十一テーゼの主題は明確である。すなわち、それは「実践」である。したがって、「新しい唯物論」に名を付けるならば、「実践的唯物論(der praktische Materialismus)」が最もふさわしいのではないだろうか。それは、『ドイツ・イデオロギー』に登場した「実践的唯物論者(den praktischen Materialisten)」(DI, S. 7,『[新版]ドイツ・イデオロギー』三二)という表現(たとえそれが「実践的唯物論」を表わすドイツ語(der praktische Materialismus)そのものではないとしても)によっても裏付けられている。

「テーゼ」におけるマルクスの思想が『経哲草稿』から一歩前進していることはすでに述べたので、最後に「テーゼ」の『ドイツ・イデオロギー』との差異について一言しておこう。まずすでに述べたことだが、「テーゼ」においてはフォイエルバッハ批判は歴史の唯物論的把握という観点からは全く行われていない。対照的に『ドイツ・イデオロギー』では次のように歴史との関わりからフォイエルバッハ批判がなされている。

「フォイエルバッハが唯物論者であるかぎりでは、歴史は彼のところに現われず、また彼が歴

史を考慮にいれるかぎりでは、彼は唯物論者ではない。」(DI, S. 12, 同上三四〜三五)

この歴史の唯物論的把握によって初めてフォイエルバッハ批判は完了するのである。したがって実践的唯物論から史的唯物論までには一つの思想的、理論的な発展があると言わねばならない。最後に「テーゼ」と『ドイツ・イデオロギー』との間の決定的な違いは何かといえば、それは「人間的な(menschliche)」という言葉が『ドイツ・イデオロギー』の「フォイエルバッハ」章では全く使われていないことである。その理由はフォイエルバッハの「人間なるもの(der Mensch)」という概念が現実から遊離して自立化した普遍的、哲学的な思弁的概念としてシュティルナーの「唯一者」の概念とともに批判、攻撃されているからである。その意味で規範的、価値的意味を残す「人間的な」という表現も使用が避けられている。このあたりの事情は、『ドイツ・イデオロギー』に関する章で詳しく述べているので、その個所を参照してほしい。以上のように「テーゼ」と『ドイツ・イデオロギー』の間には、歴史の唯物論的把握の有無と「人間的な」という言葉の使用・不使用の点で明確な違いがあるのである。

注

(1) Daniel Brudney, *Marx's Attempt to Leave Philosophy*, Harvard University Press, 1998, p. 228.
(2) 渡辺憲正『近代批判とマルクス』前掲、二二四頁を参照。
(3) Daniel Brudney, op. cit., p. 261.

（4）　的場昭弘『マルクスの根本意想は何であったか』（廣松渉著、情況出版、一九九四年）の「あとがき」（同書二四六頁）

第八章　『ドイツ・イデオロギー』における唯物論的歴史観と疎外論

第一節　労働の疎外と分業論

これまで見てきたように、マルクスは疎外を労働の疎外として私的所有＝資本のうちに見出すだけでなく、社会的交通または社会的関連の疎外を私的所有＝貨幣のうちにあると見做している。実際マルクスはこののち、どのようにして疎外された労働と社会的関連の疎外が生じるのかを見出すために経済や歴史に関する数多くの書物を読み、その結果、次に示すように『ドイツ・イデオロギー』でマルクスは疎外の原因を分業に見出している（以下の引用文はマルクスの筆跡によるものである）。

「諸個人は、つねに自己から出発してきたしつねに自己から出発する。彼らの諸関係は、彼らの現実的生活過程の諸関係である。彼らの諸関係が彼らに対して自立化するのは、どうしてなのだろうか?彼ら自身の生活の諸力が彼らに対して優位になるのは、どうしてなのだろうか？

一言で言えば分業であり、その関係は、そのつど発展している生産力に依存する。」（DI, S. 100,『[新版] ドイツ・イデオロギー』一〇五頁）

ここで諸個人に対して自立化する彼らの諸関係とは「ミル評註」で明らかにされた疎外された交通諸関係であり、彼らに対して優位になる生活の諸力とは疎外された労働の生みだした生産物＝資本にほかならない。すなわち前者は貨幣疎外論に、後者は労働疎外論に属する事柄である。マルクスのこの言葉は、したがって、この二つ系譜の疎外が生じる歴史的要因を分業に見出したことを示している。

また周知のように、『ドイツ・イデオロギー』で確立された唯物論的歴史観において、分業の発展は歴史の発展の原動力とされている重要な概念であり、私的所有などの所有諸形態は分業の発展段階に照応するものとされている。したがって、いわば分業概念の発見によってこそ、歴史の唯物論的把握は確立されたのであり、この分業概念の発見をもたらすきっかけとなったものこそ、疎外がどのように発生したのかを問うた『経哲草稿』の「断片」の末尾における先の課題の提起――「どのようにして人間は自分の労働を外化し、疎外するようになるのか」――だったのである。そうであれば、疎外の発生に関するマルクスの問いは、マルクスが「疎外された労働」論において理論的な行き詰まりに陥ったことを示すものではなく、それどころかむしろ後の唯物論的歴史観の確立に通じる重要な問題提起だったと言わねばならない。

以上を確認しつつ、『ドイツ・イデオロギー』における唯物論的歴史観の基軸をなす分業論の検討に議論を移したい。

後のマルクスによると、分業には三種類あり、一般的分業は農業や工業などの産業の分離であり、特殊的分業は、商品生産の基礎をなす社会的分業、個別的分業は作業上内または工場内分業を指す。このうち『ドイツ・イデオロギー』における分業論は主として一般的分業の発展を念頭においたものである。すなわち、人類はその誕生のはじめのうちは、採取（狩猟および漁労を含む）産業が唯一の生活基盤であり、その後、遊牧、牧畜を経て農業の確立において恒常的な生活基盤を築いた。それから商業が発生し、最後に工業が手工業、マニュファクチュア、大工業として発展してきた。それとともに都市と農村の分離および肉体的労働と精神的労働の分離も発生した。マルクスによれば、これらの分業の発展の段階にそれぞれの所有諸形態の発展が照応しているという。前掲の引用文の後にマルクスはこれらの諸形態を次のように列挙している。「土地所有。共同体所有、封建的な所有、現代的な所有。（改行して）身分的所有。マニュファクチュア的所有。産業資本」（ebenda, 同上）すなわち、一行目に示された所有形態は、農業に基づく土地所有の諸形態を表わし、二行目のそれは、工業に基づく所有諸形態を示している。しかし、私的所有はマルクスが示した所有形態の諸段階のどれにも位置づけられていない。エンゲルス筆跡の本文には、「分業と私的所有とは同じことを言い表わしたものであり――前者では、後者で活動の産物との関連で言われるのと同じことが、活動との関連で言われる」（ebenda, S. 19, 同上四三頁）と記されている。エンゲルスによれば、家族内分業が最初の分業であるから、この論理に従うと私的所有の始まりは家族内にあるということになる（さらにエンゲルスが念頭においているのは、資本主義的私的所有ではなく、私的所有一般である）。しかし、のちのマルクスによると生産物の交換は共同体どうしの間で初めて行われ、共同体内での交換はそのあとに発展したという。したがってマルクスにおいては私的所有は家族などの共同体の内部ではじめて発生したとも考えられていない。このようにマルクスとエンゲルスの見解も私的所有の発生に関しては一致していない。だから、彼らは資本主義的私的所有に至るまでの所有の発展を辿ることと、それが分業の発展に照応していることについては理解しているけれども、それがどのように発生したのかについてはこの段階ではいまだ明確には把握していないと言わなければならない。

こうしてみると『経哲草稿』の第一草稿の末尾でマルクスが問うた問題、すなわち私的所有の原因である「疎外された労働」の歴史的な発生の由来の問題に対しては、『ドイツ・イデオロギー』における分業論は完全な答えにはなっていないということが分かる。[1] というのは、「疎外された労働」の概念で表象されていたのは賃労働であり、この概念の基本的な意味を成す第一規定は「労働の対象の疎外」、すなわち労働そのものからの労働生産物の分離であるが、分業の発展によっては賃労働や労働者からの生産物の分離の発生の仕組みは直接明らかにされないからである。それでは、その後マルクスはこの課題にはどのように答えているのか。この点に関しては、第一章で引用した『資本論』の「第七篇　資本の蓄積過程」の一節〔本書の一〇八頁〕で、「労働生産物と労働そのものの分離」が「客体的な労働諸条件と主体的な労働力との分離」と言い換えられていたことが良いヒントを与えてくれる。というのは、労働の対象的諸条件と労働力との分離は資本の本源的蓄積で成し遂げられるものだからである。マルクスは『資本論』のなかで資本の本源的蓄積を資本主義的生産関係の歴史的な創造過程と把握して、これを次のように規定している。

「資本関係は、労働者と労働実現条件の所有との分離を前提する。資本主義的生産がひとたび自分の足で立つようになれば、それはこの分離をただ維持するだけでなく、ますます大きくなる規模でそれを再生産する。だから、資本関係を創造する過程は、労働者を自分の労働条件の所有から分離する過程、すなわち、一方では社会の生活手段と生産手段を資本に転化させ、他方では直接生産者を賃労働者に転化させる過程以外の何者でもありえないのである。つまり、いわゆる本源的蓄積は、生産者と生産手段との歴史的分離過程にほかならないのである。それが『本源的』として現れるのは、それが資本の前史をなしており、また資本に対応する生産様式の前史をなしているからである」（MEW, Bd. 23, S. 742）

このように労働者と労働諸条件を分離させることが資本主義的生産関係の成立の前提、また賃労働者の発生の前提であるので、そのような前提を歴史的に創造することが資本の本源的蓄積である。こうしていったん資本の本源的蓄積がなされれば、資本主義的生産は、この分離を維持し、資本主義的生産関係を再生産することになる。そして資本の本源的蓄積は、実際には直接的生産者が土地などの生産手段と癒着していた領主と農奴による農産物の封建的生産様式、労働者が道具などの労働手段を所有していた同業組合的手工業および農地を所有している独立自営農などの旧来の生産形態の崩壊から発生してくる。つまり「疎外された労働」の関係は、資本主義以前の生産関係の崩壊とそれによる資本の本源的蓄積により歴史的に発生してくるわけである。言いかえれば、「疎外された労働」の「疎外された」という規定、すなわち労働そのものの労働生産物および対象的諸条件からの分離は資本の本源的蓄積に由来するのである。

第二節　『ドイツ・イデオロギー』と疎外論

一　疎外論と共産主義

『ドイツ・イデオロギー』の「フォイエルバッハ」章の本文（筆跡はエンゲルス）には「疎外論的記述」が何箇所か存在する。「疎外論的記述」と言ったのは、それらの箇所では「疎外」という言葉は使用されていないが、論理が疎外論的だからである。例えば、次の一文がそうである。

「人間たちが自然生的な（naturwüchsig）社会にあるかぎり、したがって、特殊的利害と共同的利害のあいだの分裂が存在するかぎり、したがって、活動が自由意志的ではなく自然生的に分割されているかぎり、人間自身の行為が、彼にとって、疎遠な対立する力となり、彼がこの力を支配するのではなく、この力が彼を抑えつけるということである。」（DI, S. 20, 同上四四頁）

この一文によると「人間自身の行為が、彼にとって、疎遠な対立する力とな」るのは、「活動が自由意志的ではなく自然生的に分割されている」からであるということになる。つまり、人間自身の行為、例えば労働が彼に疎遠な力となる、すなわち疎外されるのは、労働の分割＝分業が自由意志的ではなく、言い換えれば、自覚的・意識的に行われるのではなく、自然生的に起こっているからである。要するに、疎外が起きるのは、社会が意識的にではなく自然生的にあるからであり、したがって、疎外をなくすには、無政府的な競争によって社会が支配されるのではなく、社会を人間によって意識的に制御しなければならない、ということになる。つまり疎外論は共産主義論である。こうして疎外は社会の共産主義的変革によって克服されることになる。そして次のエンゲルスの一文がそれを示している。

「共産主義がこれまでのすべての運動から区別されるのは、それが、これまでのすべての生産諸関係と交通諸関係の基礎をくつがえし、すべての自然生的な前提を、はじめて意識的にこれまでの人間たちの所産として取り扱い、それらの前提の自然生的性格を剝ぎ取り、そして、結合した諸個人の力に服させる点においてである。」（DI, S. 79, 八九）

言い換えれば、これまでのすべての生産と交通の諸関係（すなわち社会）の自然生的な前提を剝ぎ取ること、すなわち疎外をなくすことが共産主義の本質である、ということになる。このように疎外を社会の自然生的性格のうちに見るのは、エンゲルス特有のものであり、近代ブルジョア社会を自由競争の支配する無政府的な社会と見做した『国民経済学批判大綱』（一八四三年）における競争論的な視角に由来する。それはマルクスのように資本の内実の根底にある労働の疎外よりも、個々の資本の無政府的な競争という市民社会の表層に現れた現象の否定的側面をより重視する。この点はマルクスとは異なるエンゲルスの独創的な視点であり、否定的に評価すべきではない。むしろエンゲルスはこれによって共産主義を疎外論の視点から根拠づけたのであり、一つの疎外革命論を唱えているといってもよいだろう[2]。

二　マルクスは疎外論を超克したか？

一時、廣松渉などによって、疎外論は『ドイツ・イデオロギー』において超克されたという主張が大手を振るってまかり通っていた。その一つの証左として挙げられている『ドイツ・イデオロギー』の一文（筆跡はエンゲルス）が以下の一節である。

「もはや分業に従属させられない諸個人を、哲学者たちは、理想として『人間というもの』（“Der Mensch”）の名のもとに思い浮かべ、われわれによって展開された全過程を『人間なるもの』（“*Der Mensch*”）の発展過程として捉えた。その結果、それぞれの歴史段階におけるこれまでの諸個人に『人間というもの』が押し込まれ、それが歴史の原動力として叙述された。こうして、全過程が、『人間というもの』の自己疎外過程として捉えられたのであって、その理由は、本質的に、後の段階の平均的個人がつねに前の段階に押し込まれ、後の意識が前の諸個人に押し込まれたことにある。最初から現実的諸条件を度外視するこのような転倒によって、全歴史を意識の発展過程に変えることが可能であった。」（DI, S. 92, 同上九九頁）

ここでは哲学者たちによって歴史の「全過程が、『人間というもの』の自己疎外過程として捉えられた」ことが批判されている。この一節で人間に引用符が付されて表現されているのは、個々の諸個人からなる人間が「人間というもの」という理想、すなわち観念として自立し、歴史を発展させる神や精神または意識と同様の自立した主体に転化させられているからである。こうした転倒を行う観念論者たち、すなわち哲学者たちは、歴史を観念的主体として自立化させた「人間というもの」の自己疎外過程として描いた。というのは、ヘーゲルにおけるように観念論的疎外論においては、意識などの観念的主体は疎外されることによってはじめて対象化される、すなわち現実化、物質化されるのであり、したがって「人間というもの」という観念的主体は疎外されることによって現実の歴史を作り出すと幻想されるのである。したがって、批判されているのは疎外論ではなく、観念論的な疎外論、いやまさに観念論的な歴史観なのである。このことは、引用文の最後の一節に「最初から現実的諸条件を度外視するこのような転倒によって、全歴史を意識の発展過程に変えることが可能であった」と記されているように、「人間というもの」の自己疎外過程は観念的主体の発展過程と見做されていることからも明らかである。

一方、マルクスは次の言葉を本文に挿入すべき文としてエンゲルス筆跡の本文の右の欄に記している。

「この『疎外』——ひきつづき哲学者たちに理解しやすくするためにこう言うのだが——は、

もちろん、二つの実践的前提のもとでのみ止揚されうる。」（DI, S. 21, 四四頁）

このことは、「疎外」という言葉は哲学者が好むという意味で哲学的概念ではあるが、この概念が表わす事態が現実に存在する以上、用いざるを得ないことをマルクスが認めていたことを示している。したがって、このことからも『ドイツ・イデオロギー』のなかでマルクスとエンゲルスが「人間というもの」という哲学的概念を観念論的に自立化させるドイツのイデオローグたちの思弁的・観念論的歴史観を批判し、自らも過去の哲学的意識を精算した[3]からといって、彼らの以前の疎外論まで捨ててしまったのではないということが分かる。

それでは、『経哲草稿』以降のマルクスはそこで展開された三つの系譜の疎外論のすべてを存続させているのだろうか？　先に見たように、マルクスは『ドイツ・イデオロギー』の「フォイエルバッハ」章に書いたメモのなかで分業のうちに疎外の歴史的起源を見出したが、その疎外の内容は労働疎外と貨幣疎外〔社会的交通の疎外〕であった。したがって、この二つの系譜の疎外は『ドイツ・イデオロギー』のマルクスが「疎外」という言葉で理解しているものそのものである。それでは、第三の系譜の疎外である「人間的生活の疎外」ないしは「人間的本質の疎外」はどのような扱いをされているのだろうか。これに関しては慎重な吟味が必要であるが、以下の二つの理由からこの系譜の疎外論は『経哲草稿』以降においては否定的に扱われていると考えざるをえない。理由の第一点は、「テーゼ」の第六において「人間的本質」は「個人に内在する抽象物」ではなく、「その現実においては、社会的な諸関係の総和である」（MEW, Bd. 3, S. 6）とされ、個人に内在する本質としては否定されていることである。第二点は、『ドイツ・イデオロギー』において「人間的本質」や「人間的本質の外化」の概念は真正社会主義を唱えるK・グリューンが好んで用いる哲学的概念として批判の対象となっていることである。すなわち、『ドイツ・イデオロギー』では次のように記されている。

「フォイエルバッハのうちに収められているようなドイツ哲学の諸成果、すなわち、『人間』、『純粋な真実の人間』が世界史の究極の目的であり、宗教は外化された人間的本質であり、人間的本質は人間的本質でありかつすべての事物の尺度であるということ、こういったことにたいする曇りない信仰で支度をととのえ、さらにこれよりもっと先へ進んだドイツ社会主義の諸真理（上を見よ）、すなわち、貨幣、賃労働等々もまた人間的本質の外化であり、ドイツ社会主義および共産主義の理論的真理である等々という真理で身支度をととのえ――グリューン氏はすっかりひとりよがりの真正社会主義を携えてブリュッセルやパリに向けて旅をする。」(MEW, Bd. 3, S. 475)

すなわち、グリューンが批判されている点は、彼が貨幣や賃労働を「人間的本質の外化」という哲学的概念で表わすだけで満足し、それらの現実的で実践的な批判と止揚、すなわち変革には乗り出さないことである。言い換えれば、彼はいつまでたっても哲学の地盤を離れられずに、哲学的共産主義を唱えていることがマルクスの批判の的となっているのである。

また『共産党宣言』（一八四八年）においても反動的社会主義に分類されたヘスやグリューンの唱える真正社会主義が好む「人間的本質の外化」という言葉が「哲学的なたわごと」である(MEW, Bd. 4, S. 486)としてマルクスによって厳しく批判されている。これらの点から見ると、「人間的本質」の概念はマルクス・エンゲルスによって哲学者の用いる抽象的な概念と見做されて、放棄されたと考えるべきである。したがって、「人間的本質」の疎外論は『ドイツ・イデオロギー』では継承されていないと判断すべきである。(4)

以上の議論から明らかなったことは、第一に、『ドイツ・イデオロギー』においては『経哲草稿』で展開された三つの系譜の疎外論うち、労働疎外論と貨幣疎外論は批判も超克もされていないということである。そして第二に、批判されているのは「人間的本質の疎外論」という哲学的疎外論だけであるが、しかしこの「人間的本質の疎外論」の批判と拒否も今日の時点から考えれば問題無しとは言えない。というのは、『ドイツ・イデオロギー』における「人間的本質」や「人間」の概念の批判に代表される価値概念の放棄こそが、数十年後にロシアで起きる悲劇の遠因となったと考えられるからである。

三　哲学的意識の精算と「人間」概念

『経哲草稿』で展開された議論のなかでもう一つ『ドイツ・イデオロギー』において批判されているのは人間の自己産出論である。それは次のように批判されている。

「この見方〔歴史の唯物論的な見方〕は、いまではまたもや思弁的＝観念論的に、すなわち空想的に、『類の自己産出』（『主体としての社会』）として捉えられることができるし、そしてそれによって、関係し合っている諸個人のつぎつぎにつづく系列が、自己自身を産出するという不思議なことを行う唯一の個人として思い浮かべられることができる。」（DI, S. 26, 四九）

ここで言われているように「類」とは「関係し合っている諸個人のつぎつぎにつづく系列」としての唯一の個人」であり、「主体としての社会」または「人間（der Mensch）」である。このような自立化した観念的な主体が歴史を作るという思弁的、観念論的な歴史観がここでも批判されている。特徴的なのは、『ドイツ・イデオロギー』で批判されている思弁的観念論の主体概念は純粋に思弁的な観念である自己意識や実体などだけでなく世俗的な意味内容をもつ「類」や「人間」などの観念であることである。したがって、『経哲草稿』と「テーゼ」で盛んに用いられた「人間的（menschlich）」というような言葉は『ドイツ・イデオロギー』では使われていない。歴史の主体として「人間」を立てるという議論も、例えば次のように批判されている。

「諸個人のこのような発展を、歴史的に相次いで生まれる諸身分や諸階級の共通の存在諸条件と、それらの諸条件によって彼らに押し付けられた普遍的諸観念のなかで哲学的に考察するならば、もちろん、これらの個人の中で類または人間が発展してきたとか、あるいは諸個人が人間を発展させてきたのだと、容易に想像することができる。それは、歴史の横っ面に二、三発強烈な平手打ちを食らわせるような想像である。その場合に、これらの様々な身分や階級は、普遍的表現の諸特殊化、類の諸亜種、人間の発展諸段階として捉えることができる。」(DI, S. 72-73, 八四)

マルクスとエンゲルスは、前述のような世俗的な観念を歴史の主体とするイデオローグとしてフォイエルバッハやシュティルナーを挙げて『ドイツ・イデオロギー』で彼らを批判の対象としている。それどころか、『共産党宣言』においてはヘスやグリューンらの真正社会主義の唱える「人間一般」の解放をさえ超階級的な主張として有害無益だと激しく批判している。こうした背景には、マルクスやエンゲルスが青年ヘーゲル派の抽象的な議論に終始して具体的で特殊な対象を叙述しない思弁的議論が極限に達したことに対する憤りがある。彼らはこうした思弁的議論に飽き飽きして、現実的な歴史叙述を可能にする唯物論的歴史観を「実証的な科学」として確立させたのである。そのために、フォイエルバッハの哲学に依拠していた彼らの以前の哲学的意識を精算する、すなわちそれときっぱりと縁を切る必要があった。すなわち、彼らは自身たちが以前属していたと思われる「哲学的共産主義」の立場と絶縁し、現実の歴史的条件そのもの以外の何物にも依拠しない現実的「共産主義」の立場に移行したのである。

この哲学的意識の精算によってマルクスは、第一に、歴史の主体を現実的な諸個人とし、彼らを分業のもとに下属され、諸身分と諸階級とに服属させられた特殊な個人として把握する。第二に、歴史の前提を諸個人の生命の維持と生活手段の生産におく。第三に、歴史を作り、動かすのは、諸個人の実践、とりわけ労働と変革的な実践であり、私的所有の支配する社会、すなわち近代ブルジョア社会においては共産主義の運動であるとする。このうち第一点と第二点を基本的な主張とするのは、史的唯物論であり、第三点を主に主張するのは「テーゼ」で確立した実践的唯物論である。これらの唯物論は哲学ではないので、主としてフォイエルバッハの哲学に依拠していたマルクスの『経哲草稿』の立場は乗り越えられているが、しかし後者における自然主義＝人間主義論や人間の自己産出論こそが前者の唯物論を準備させ誕生させる基盤的思想であったかぎりでは、『経哲草稿』の立場は『ドイツ・イデオロギー』において「超克」されたというよりも「揚棄」されたと言ったほうがよいであろう。

注

(1) ただし、次の引用文に見られるように、『ドイツ・イデオロギー』の段階においても「労働諸条件」や「資本と労働の分裂」といった表現のもとで、後の本源的蓄積論で明らかにされる労働とその対象的諸条件の分離という資本主義的生産の歴史的な出発点がすでに捉えられていることに注意されたい。

「分業によって既に最初から、道具や原料といった労働諸条件の分割も与えられており、したがって、蓄積された資本の様々な所有者への分裂、したがって、資本と労働の分裂、および所有そのものの様々な形態が与えられている。」(DI, SS. 87-88,『[新版] ドイツ・イデオロギー』九六頁)

(2) エンゲルス自身は「疎外」という言葉を好まなかったが、ここでの議論の仕方はまさに「疎外」論的だと言ってよいだろう。

（3）マルクスは『経済学批判』の「序言」において次のように語っている。「そして一八四五年の春、彼〔エンゲルス〕もまたブリュッセルに腰をおちつけたときに、われわれは、ドイツ哲学のイデオロギー的見解にたいするわれわれの見解の対立を共同して作り上げること、事実上はわれわれの哲学的意識〔良心〕（Gewissen）を精算することを決意した。」（MEW, Bd. 13, S. 10）

（4）このような筆者の判断とは異なり、マルクスは「人間というもの」、「人間的本質」および「人間的解放」などの哲学的言辞を弄することを批判しただけであって、実際にはマルクスの共産主義運動の理論と実践には人間解放のヒューマニズムの思想が存在しているという主張がある。例えば、次のような主張である。「彼〔マルクス〕は、共産主義を現行の搾取階級を新たな搾取階級に代えるだけだというような特殊利害に拘泥した一面的な運動だとは考えていなかった。それはむしろ階級そのものをなくし、搾取そのものをなくすことによって人類を《普遍的》に解放することを最終目的とする運動である。マルクス主義とヒューマニズムを結合することに今だ違和感を感じる方はよく考えていただきたい。なぜ特殊プロレタリアだけの解放ではなくて人《類》そのものの解放なのだろうか。なぜ普遍的解放にこだわるのだろうか？　私にはこのこだわりは、その背後に普遍的な人間愛があるからだと考えなければ理解できない。すなわち、マルクスの真正社会主義批判からヒューマニズムそのものの批判を嗅ぎとるのは拙速なのだ。」（田上孝一『初期マルクスの疎外論』時潮社、二〇〇〇年、二〇〇）確かに、人間的解放を謳った「ヘーゲル法哲学批判序説」や『経哲草稿』の「疎外された労働」断片に現れていたヒューマニズムの思想はのちの共産主義運動において失われているわけではない。しかし、マルクスとエンゲルスは、現実の理論と運動においては「人間的解放」を唱えるヒューマニズムを掲げなかった。というのは、現実の運動はブルジョア対プロレタリアの階級闘争であり、そこにおいて「普遍人間的解放」を掲げることはその闘いと運動にとって有害無益であったからだ。つまり、階級闘争の運動の背後に人類解放のヒューマニズム思想を保持することとそれを実際に公けに運動のスローガンや理論として表明することとは全く別のことであり、当時のマルクスは後者を拒否したのである。ただし労働者が人口の大部分を占める現代においては人間解放とヒューマニズムをマルクス主義の思想と理論として掲げることは共産主義運動の展開にとって必要でもあり重要なことである。問題はマルクスの思想形成史における事実と今日の時代状況においてマルクス主義に求められるあるべき姿を混同せずに区別することである。具体的に言えば、一八四五年以降においてマルクスは人間解放論を理論としては掲げなかったことを思想形成史上は認め、その上でマルクス主義の刷新のために新たに初期マルクスのヒューマニズム思想の復権を図ることこそがマルクス主義者の採るべき正しい道筋である。

第九章　後期マルクスにおける「人間」概念と疎外論

第一節　『資本論』における「人間」概念の復活

序章から第二章までで見てきたように、マルクスが自己の思想の基盤を明確に確立したのは、一八四三年の『独仏年誌』であり、その後「テーゼ」と『ドイツ・イデオロギー』でそれぞれ実践的唯物論と史的唯物論に到達し、『共産党宣言』において共産主義の理論を確立する。この過程のなかで、共産主義の現実的運動に取り組み、その前提となる歴史の現実的記述と唯物論的な把握を打ち出す中で、「人間（Der Mensch）」という概念は、当初はその歴史の主体として自立化された観念論的概念としてだけでなく、一般的な価値概念としてもフォイエルバッハ哲学の残滓であるとして、冷遇、批判されるようになってきた。『ドイツ・イデオロギー』で「人間」という言葉の使用を避けたマルクスは、後の『経済学批判』の中で、単数形の「人間（Der Mensch）」ではなく、複数形の「人間たち（Die Menschen）」を歴史の主体として主語に置いている。マルクスはこの姿勢を、少なくとも公刊された書物のなかでは『経済学批判』（一九五九年）まで維持し続けたと思われる。ただし、それ以前の『経済学批判要綱（一九五七～一九五八年）』においては「人間（Der Mensch）」はかなりの頻度で使用されている。『経済学批判』に関しては、例えばその「序言」に見られる「唯物史観の公式」においても、次に掲げるように、歴史の主体としては「人間（Der Mensch）」ではなく「人間たち（Die Menschen）」が定立されている。なお同書の本文においては「人間（Der Mensch）」の使用は全くなく、「人間たち（Die Menschen）」の使用もたった一度だけである。この事実と『経済学批判要綱』における「人間（Der Mensch）」の頻繁な使用というこれとは対照的な事実からこの当時のマルクスが単数形の「人間（Der Mensch）」の公けでの使用をいかに回避しようとしていたかが分かる。以下、「序言」のなかの「唯物史観の公式」を述べた箇所の冒頭の文を引用する。

「人間たちは、彼らの生活の社会的生産において、一定の、必然的な、彼らの意志から独立した諸関係に、すなわち、彼らの物質的生産力の一定の発展段階に対応する生産諸関係にはいる。」（MEW, Bd. 13, S. 8.）

このように単数形の「人間（der Mensch）」という概念の使用を避けた結果、しばらくの間マルクスの思想の本質にあるヒューマニズム的側面[1]は、公けの文書においては影を潜めた。しかし、「人間（Der Mensch）」という用語は、『資本論』の第一巻の第四版（一八九〇年）を調べると、少なくとも合計三十一回使用されている。初版でも第四版でも最初に使用されている例は同じ段落にあるので、それらの文を以下に示す。

「人間（Der Mensch）は、衣服を着る必要に迫られたところでは、誰かある人が裁縫師になるまえに、すでに何千年にわたって裁縫労働を行ってきた。」（MEGA, II/5, S. 23, MEW, 23, S. 57,『初版資本論』カール・マルクス／江夏美千穂訳、幻燈社書店、二六頁）

「だから、労働は、使用価値の形成者としては、有用的労働としては、あらゆる社会形態から独立した、人間の一生存条件であり、人間と自然との物質代謝（den Stochwechsel zwischen Mensch und Natur）を、それゆえ人間の生活を、媒介する永遠の自然必然性である。」（ただし、強調点は初版のみ。ebenda, 同上）

見られるように前の例では、「人間（Der Mensch）」は、衣服を着るようになってからの人類のすべての人を代表する「代表単数形」としてのドイツ語の定冠詞を冠した「これまでのすべての人間」を表わしている。このような意味では、「人間（Der Mensch）」は観念形態が自立化したものではなく、「これまでのすべての人間」を科学的に表わす概念である。このマルクスによる叙述には神秘的なものはなにもない。

また後の例では、「人間（Mensch）」という言葉は、「自然（Natur）」という言葉とともに冠詞なしに用いられているが、その理由は、ここで問題となっている「物質代謝（Stochwechsel）」と言えば、「人間」と「自然」との間の物質代謝であることが自明であるので、「人間と自然との物質代謝」を一語として扱い、Stochwechsel だけに冠詞を置いたからであろう。

なお『資本論』において「物質代謝」が本格的に論じられている箇所は、もちろん第五章の

「第一節　労働過程」である。そこでは「物質代謝」という言葉は次のような脈絡で使用されている。

「労働は、まず第一に、人間と自然との間の一過程（ein Prozes zwischen Mensch und Natur）、すなわち人間（der Mensch）が自然との（mit der Natur）その物質代謝（seinen Stoffwechsel）を彼自身の行為によって媒介し、規制し、管理する一過程である。」（MEW, Bd. 23, S. 192）

ところで、マルクスは『資本論』第一巻の「序言」で自らが拠って立つ立場を次のように表現している。

「経済的社会構成体の発展を一つの自然史的過程（einen naturgeschichtlichen Prozeß）ととらえる私の立場」（MEW, Bd. 23, S. 16）

我が国では梯《かけはし》明秀《あきひで》が「労働過程における物質代謝の方法論的意義[2]」を考察し、「自然の人間への生成」を「一つの自然史的過程」と見做した。梯のあとを継いで、芝田進午は『人間性と人格の理論』の第一章を「自然史的過程」と題し、この過程を次のように三つの段階――無機的自然（天体史的段階）、有機的自然（生物史的段階）および人間的自然（社会史的段階）――に分け[3]、次のように述べている。

「有機的自然は無機的自然にたいし自立性を保持し、対自的であったが、物質代謝という矛盾は、前者の後者への適応という運動形態によって定立されるとともに解決されていた。だが、人間的自然は、無機的・有機的自然にたいしてたんなる自立性を有するのみではない。人間的自然は、無機的・有機的自然にたいして能動的に働きかけ、これを変革するのであって、このことをつうじて物質の普遍性を発現させ、しかも同時に人間的自然を変革し、存続させる。[4]」

ところで、「無機的・有機的自然にたいして能動的に働きかけ、これを変革する」ことこそが「労働」である。したがって、芝田はこの記述によって『資本論』の労働過程論こそがマルクスの「実践的唯物論」を基礎づけたことを示したと言えるのではないか。

また前の引用文でマルクスの言う「経済的社会構成体の発展を一つの自然史的過程ととらえる」立場とは、芝田理論から見れば、自然史的過程の最後の段階である「人間的自然（社会史的段階）」――これこそマルクスが「テーゼ」の第六で「人間的存在〔本質〕（das menschliche Wesen）」は「その現実のあり方において（In seiner Wirklichkeit）」「社会的諸関係のアンサンブル〔総体〕（das ensemble der gesellschaftlichen Verhältnisse）」であると規定した段階であり、マルクスの後の言葉で言えば「経済的社会構成体の発展」の段階である――を最後の段階として含む「一つの自然史」の世界観であると言い換えることができる。すなわち、芝田は次のように書いている。

「『人間的自然』(すなわち人間性)をふくめた全体的な自然史の世界観がマルクス主義的唯物論であり、またこの自然史の世界観なしにはマルクス主義的唯物論は成立しないと、かんがえるものである。[5]」

こうしてマルクスの唯物論は「実践的唯物論」であり、「自然史の世界観」であると芝田は主張する。マルクス主義の哲学がどのように規定されるべきかについては、マルクスのこの問題に関する明確な言明がないだけに、以前から論争となっているが、芝田のこのような規定が一つの有力な説であることだけは確かであろう。[6]

これに関連してさらに一言すれば、最近、「物質代謝」を環境論とマルクス主義思想との関係に関するキーワードとして採り上げる議論が活発になってきた。[7] その中でも注目すべきは、『資本論』の物質代謝論の原型を『経哲草稿』の自然主義＝人間主義の思想に見る独自の議論を展開している島崎隆氏の『エコマルクス主義─環境論的転回を目指して─』(知泉書館、二〇〇七年)である。[8] この問題に関してはここでは詳論できないが、筆者も氏の議論から大いに示唆を受けたことをここに記しておきたい(島崎氏の議論の核心部分とそれに関する筆者の見解は注(8)で述べておいたので参照されたい)。

議論がやや横道にそれたので話を元へ戻そう。前述のようにマルクスは『資本論』という科学的著作を書く段になって、これまで観念論的・思弁的であると誤解されることを回避するために控えてきた単数形の「人間（Der Mensch）」という言葉の使用に踏み切った。
ところで、マルクスがこのような「転換」を行ったのには、二つの理由があるように思われる。一つは、ヘーゲルに対するマルクスの評価・姿勢の転換である。これまでヘーゲルは、マルクス・エンゲルスによって思弁的・観念論的駄弁を弄したヘーゲル左派として一括された「ドイツ・イデオロギー」の総本山であった。しかし、彼らがヘーゲルの亜流にすぎないこと、むしろヘーゲルの主著の『論理学』こそは、経済学的諸範疇の連関を「学問的・科学的（wissenschaft-lich）に」構成する際に大いに参考になる現実的な概念の論理展開の宝庫であることにマルクスは気づいた。すなわち、マルクスは『資本論』第二版の「あとがき」で次のように述べている。

「弁証法がヘーゲルの手の中で被っている神秘化は、彼が弁証法の一般的な運動諸形態をはじめて包括的で意識的な仕方で叙述したということを、決して妨げるものではない。弁証法はヘーゲルにあっては逆立ちしている。神秘的な外皮の中に合理的な核心を発見するためには、それをひっくり返さなければならない。」（MEW, Bd. 23, S. 27）

このようなマルクスによるヘーゲル再評価の背景には、次のようなマルクスの意図がある。すなわち、ビュヒナーやデューリングらが主張するヘーゲル亜流の実証主義的な俗流唯物論の隆盛の中でヘーゲルが「死んだ犬」のように扱われているドイツ思想界に対抗して、マルクスは自身がヘーゲルの弟子であることを宣言して、批判的理論と弁証法的論理の唯物論的展開を「経済学批判」という形態で「学問的・科学的に」提示し、それによって社会主義的潮流にもはびこってきた実証主義的思想に打撃を与えようとしたのである。これこそがマルクスの「転換」の第一の理由であろう。

第二の理由は、第一の理由とも関連するが、ヘーゲル左派の影響力が著しく弱まってきたことがその背景にある。マルクスは、『資本論』第一巻を完成する作業を進めていく過程において、「資本主義的生産様式の構造の解明＝経済学の批判」を「学問的・科学的に」行うことが労働者階級の解放の事業にとってだけでなく、自身の科学者としての使命・ライフワークであることを自覚しつつ、現実的な過程を概念の展開として、しかも思弁的にではなく唯物論的・科学的に提示することの必要性、言い換えれば、哲学的概念ではなく経済学的諸範疇の展開のうちにそれらの批判をも含意させること、そしてそのためにヘーゲル左派を批判した時期に使用を回避した「人間」の概念を現実的・科学的な概念に転換するという弁証法的な研究方法と叙述方法を確立したという大きな理論的転換が存在したと考えられる。

しかし、こうしたマルクスの「人間」概念をめぐる転換はあまり知られていない。もちろん、『ドイツ・イデオロギー』や『経哲草稿』が公刊されたのも、ロシア革命の後であり、前者が一九二六年、後者が一九三二年である。したがって、カウツキーやベルンシュタインなどのドイツ社会民主党の主たる党員や、ましてやロシアのプレハーノフやレーニンなどの社会主義者たちは、このようなマルクスの思想的変遷など知る由もなかった。また前述のように、マルクスは公刊した論文や著作ではイデオロギー的な言葉（例えば「人間（der Menschen）」）を避けたが、手稿やノートではそれらの言葉を頻繁に自由に用いていた。このような事情がマルクス・エンゲルス死後の社会主義運動の展開に何らかの負の影響を結果的に与えることとなった。ただし、この問題は本書の範囲を超えるので、今後、筆者にこの問題に関する著作の出版の機会が与えられれば、そこで検討したい。

ところで、史的唯物論の確立以降、この唯物論は実証主義化の道を歩み続け、その反動として人間主体の復権と実践の哲学の出現というマルクス主義を刷新する試みがコルシュ、ルカーチ、グラムシおよび旧ユーゴスラビアのマルコヴィッチを中心とする「プラクシス」学派らによって試みられた。なかでもルカーチは『経哲草稿』の発見以前にその疎外論を彷彿とさせる物化論を展開し、グラムシは有機的知識人論と「歴史的ブロック」の理論によって、人間の解放の頭脳としての哲学と心臓としてのプロレタリアートの結合とそれによる両者の揚棄を唱えた「ヘーゲル法哲学批判序説」における人間解放論を新しく蘇らせた。彼らを修正主義またはマルクス主義の異端として排除することは、歴史の真実に反するものである。彼らは明らかにマルクス主義を刷新した。それは彼らが意識せずして初期マルクスの思想に帰ることによって可能となったのである。したがって、ヒューマニズム〔人間主義〕としてのマルクスの本来の思想を復権させるためにも、「テーゼ」以降の思想だけをマルクス独自の思想として固定化するのではなく、『独仏年誌』から『経哲草稿』までのマルクス・エンゲルスの思想をマルクス主義の遺産としてマルクス主義の思想に含めることが必要である。[9] このことは「テーゼ」以前の彼らの著作の思想をもマルクス主義の思想として扱うことを意味することになるのは言うまでもない。

注

(1) マルクスは次女のラウラからの「問い」のなかの「好きな格言」の答えとしてテレンティウスの「人間に関することは何一つ私に無縁ではない」という言葉を書いたことからもマルクスの思想にはつねにヒューマニズムが存在した。しかし、彼の思想が公刊された文字となって表現されると、必ずしもつねにそのヒューマニズムが読んだ相手（例えばレーニンなどの革命の指導者たち）に伝わらなかったと考えられる。

(2) 梯明秀『物質の哲学的概念』（初版一九三四年、改訂版一九四八年、再版一九五八年）青木書店、一九六八年、六六頁。

(3) 芝田進午『人間性と人格の理論』（青木書店、一九六一年）一二三〜一二四頁。

(4) 同上一二四頁。

(5) 芝田進午『実践的唯物論の根本問題』（青木書店、一九七八年）一九三頁。

(6) 本来ならば、ここで芝田進午の「人間性と人格の理論」の検討を行うべきであるが、そのためには別の一冊の書物が必要となる。機会があれば、これを筆者は次の著作の課題の一つとしたい。

(7) 例えば、『札幌唯物論』第四九号（札幌唯物論研究会、二〇〇四年十月）では「マルクスの物質代謝論」の特集が組まれ、高田純、島崎隆、岩佐茂および浅川雅巳の四氏が寄稿し、論争を展開している。それ以前にも、内田義彦、吉田文和らの研究が存在するが、ここでは詳細には触れない。また最近では『21世紀の思想的課題』（岩佐茂・金泰明編、国際書院、二〇一三年）の二つの論文（①岩佐茂「マルクスにおける生活者の思想」②高田純「人間・自然・社会――環境問題の存在論的・価値論的考察」）において、「物質代謝」はより広く解釈して「質料変換」として（①）、または「物質循環」として（②）表現すべきであると提案されていることにも留意されたい。

(8)同書はマルクス主義の環境論的転回を試みた野心的な著作であり、論点も多岐にわたる。したがって、本来は同書で扱われたテーマ全体を紹介し、論評すべきところであるが、筆者の能力の不足もあり、ここではマルクスの物質代謝論について氏が述べている注目すべき見解をまず紹介する。少々長いが、省略せずに引用する。
「人間世界と自然世界は、『人間への自然の生成』として、こうして対立しながらも連結される。マルクスにとって、人間は自然から切り離されてとらえられてはならない（自然中心主義の側面）。『自然は人間の非有機的身体である』という問題の命題は、この事実を端的に表明している。だが、同時にまた、自然は人間から切り離されてとらえられては、抽象化されてしまい、リアルにはとらえられない。さきに述べたように、そうした自然は『無』にすぎない（人間中心主義の側面）。このように、人間と自然は相互に密接に結合されてとらえられなければならない。『自然は人間の非有機的身体である』という例の命題も、くり返すように、マルクスの自然中心主義の考えに関係するが、同時にまた、自然を人間との関連でとらえるという方向性もそこに含まれている。すなわち、この命題は、人間の受動性（自然主義）と能動性（人間主義）の統一を表現しているともいえる。この命題は、さらにまた、『経哲手稿』段階におけるマルクスの将来社会（共産主義）の展望とも結合する。というのも、『共産主義』は、ここで詳論できないが、『自然主義（Naturalismus）』と『人間主義（Humanismus）』の相互貫徹と規定されるからである。」（『エコマルクス主義――環境論的転回を目指して――』知泉書館、二〇〇七年、一七一頁）島崎氏の言うとおり、確かに「自然は人間の非有機的身体である」というマルクスの残した命題は自然と人間の統一性を端的に表現するものである。ちなみにこの言葉は『経哲草稿』ではじめて用いられたが、その時の「非有機的身体」のドイツ語原語は unorganische Körper または unorganische Leib である（vgl., MEGA, I/2, S.

368.『経済学・哲学草稿』九四頁参照)。そしてこのうちunorganische Leibは『経済学批判要綱』でも二度用いられている(vgl., MEGA, II/1.2, S. 392, 394,『資本論草稿集2』一三九、一四一頁参照。いずれも「Ⅲ　資本に関する章」の「資本主義的生産に先行する諸形態」の項)。その意味では、「自然の人間への生成」という自然史的過程を「自然は人間の非有機的身体である」という自然と人間の統一的把握のうちに表現しなおした『経哲草稿』のマルクスの自然主義=人間主義」思想は、中期マルクスを経て後期マルクスに至るまで変わることはなかったと言ってよいだろう。ただしこれに関するマルクスの思想形成過程は、決して単線的なものではない。今までは初期マルクスから後期マルクスまでに無視できない思想的変遷があることを全く考慮せずに、マルクスの書いた言葉を辺りかまわず文献から引用して、それらを並べてこれがマルクス主義の思想だと言わんばかりの研究者がよくいたものである。今ではマルクスの思想形成史の研究が進んで、そういうことはできなくなったが、「自然主義=人間主義」の思想について考える際にもマルクスの思想形成史を振り返ってみる必要がある。というのは、「自然主義」の思想に関しては特に問題はないものの、「人間主義」思想の方は、「人間(der Mensch)」概念と同様に、思弁的概念の一つとしていったん『ドイツ・イデオロギー』で自己批判的に拒否ないしは否定されているからである。これは『ドイツ・イデオロギー』でマルクス・エンゲルスが哲学的意識(良心)を清算したことと軌を一にしている。哲学的共産主義との決別を表わすこの思想転換は、いまやイデオローグと化したヘーゲル左派と決別して現実の共産主義運動を展開するためには必然的なものであった。この哲学からの離脱(=「人間(der Mensch)」概念の使用の拒否)は、公けにされた文献においては『経済学批判』(一八五九年)あたりまで続くとみられる。『資本論草稿』に関してはすでに『経済学批判』以前に書かれた『経済学批判要綱』において「人間(der Mensch)」などの哲学的概念は多用されている。つまりここで筆者が言いたかったことは、初期マルクスで形成された「自然主義＝人間主義」という自然と人間の統一的把握の思想は、『経哲草稿』から『資本論』へと単線的に繋がって発展しているわけではなく、その中途には、哲学と決別し「現実的で実証的な科学（die wirkliche, positive Wissenshcaft）」（DI, S.116,『〔新版〕ドイツ・イデオロギー』二八頁）に立脚した時期が存在したということである。なお島崎氏も同書で述べているのであるが、マルクスの「自然主義＝人間主義」の思想の形成の土壌となったフォイエルバッハの「受苦的存在」としての人間把握の思想は再評価されるべきである。筆者が「まえがき」で触れたマルクス主義の刷新には、フォイエルバッハの宗教批判と人間学的唯物論の再評価も含まれるべきであると考える。

（9）マルクスは『ドイツ・イデオロギー』で、すでに『独仏年誌』の二論文から彼の唯物論的な世界の見方が始まっていたことを次のような表現で認めている。「この疑問〔人間がこれらの（宗教的な）幻想を自分の『頭の中へ入れた』ということはどうして起こったのか、という疑問〕は、ドイツの理論家たちにとってさえ、唯物論的な世界の見方への道をひらいた。すなわち、無前提的な見方ではなくて、現実的な物質的諸前提そのものを経験的に観察するところの、またそれゆえにはじめて現実的に批判的な、世界の見方への道をひらいた。この進路はすでに『独仏年誌』のなかで、『ヘーゲル法哲学批判序説』、『ユダヤ人問題によせて』において示唆されていた。だがこれは当時まだ哲学的な慣用語法でおこなわれていたので、ここに伝統的にまぎれこんでいる哲学的な表現、『人間的な本質』とか『類』とか等々の言葉が、ドイツの理論家たちに、彼らが現実的な展開を誤解して、ここでもまた問題はただ彼らの着古した上着を新しく裏返しにすることだと信じるのに好都合なきっかけを与えた。」（MEW, Bd. 3, S. 217）このマルクスの証言をどのように解釈するかが重要である。その一例として次のような解釈がある。「この一節はマルクスの唯物論が『なぜ幻想が生じるのか?』を問う『唯物論的方法』と不可分であることを示すと同時に、それに至る『道程』がすでに『独仏年誌』で『示唆』されていることを指摘している。とはいえ、『独仏年誌』においてはあくまで『新しい唯物論』に至る過程が示唆されるにとどまっており、いまだ哲学的概念にとらわれていたことを軽視すべきではない。」(佐々木隆治『マルクスの物象化論――資本主義批判としての素材の思想』社会評論社、二〇一一年、九六頁)この解釈は、哲学的意識の精算を行った『ドイツ・イデオロギー』とそれ以前の哲学的意識にとらわれていたマルクスの著作を思想的立場として区別すべきであるという思想形成史上の事実をそのまま認めるべきだと主張しているかぎりでは正しいが、これをもって哲学的意識を精算した『ドイツ・イデオロギー』以降のマルクスの思想のみをそのままマルクス主義の思想だと見做すとすれば、それは問題があるだろう。というのは、この時期のマルクスの思想は、人間の自由や平等および民主主義や人権などの人類の普遍的価値の概念の必要性を軽視し、その結果として人命を無視した悲惨なロシア革命を導いた遠因ともなったのである。したがって、この時期のマルクスの思想を固定化させ、それをマルクス主義の思想と見做すことは避けるべきであると筆者は考える。すなわち、マルクス主義の思想を再検討・再構築することが必要なのであるが、その際に『ドイツ・イデオロギー』以前のマルクスの思想を復権し、それらの思想そのものをマルクス主義思想を構成する部分として認めることをそのための一つの方法と考えることが必要である。

第二節　人間の発展行程における「疎外された労働」の意義

『経哲草稿』の第一草稿の「断片」の末尾でマルクスは、「どのようにして人間は自分の労働を外化し、疎外するようになるのか」という問いとともに、「どのようにしてこの疎外〔労働の疎外〕は、人間的発展の本質のうちに基礎付けられるのか」という問題、または「人類の発展行程に対する外化された労働の関係の問題」を提起していた。前者の問いが疎外された労働の歴史的な発生の原因に関する問いであるとすれば、後者の問いは人間の歴史的な発展における疎外された労働の意義を問うものである。筆者の考えるかぎりでは、『経哲草稿』では、その第三草稿のうちにこの問いに対する答えに相当するものと思われるマルクスの言葉を見出すことができる。

すなわち、すでに見たように第三草稿でマルクスは歴史を人間の労働による自己産出過程と捉える視点を新たに打ち出し、人間の自己産出を人間の類的諸力あるいは本質諸力の表出による富の発展とその獲得の成果であると見做している。つまり人間はその固有の生産力を発展させるためには、まず「疎外された労働」という敵対的な生産形態を取らなければならないというわけである。このような意味でマルクスは第三草稿の「私的所有と共産主義」と題された断片で次のように述べている。

「だからすべての肉体的・精神的感覚にかわって、そうしたすべての感覚の単純な疎外、持つことの感覚が現れてきた。人間的存在は、彼の内面的な富を自分の外に生み出す（herausgebäre）ためには、このような絶対的な貧困にまで還元されなければならなかったのである。」（MEGA, I/2., S. 392-393,『経済学・哲学草稿』一三七頁）

ここで一言付け加えておくが、「絶対的貧困にまで還元」するとは、不払い労働が搾取される賃労働を支配的な労働形態とする資本主義的生産という敵対的な生産形態を出現させなければならなかったという意味である。そして内面的な富とは、労働と生産によって豊かな富を生み出す人間の内的素質であり、それを極限にまで発揮するためには、労働は、剰余生産物と剰余価値を生み出すが、労働者自身には絶対的な貧困しかもたらさない賃労働という形態を最初は取らなければならならないという人間の歴史的発展の現実のあり方がこの言葉には言い表されている。『経哲草稿』ではこのような人間の発展行程にとっての疎外された労働の意義はまだ明確に定式化されているとは言い難いが、資本論の準備草稿ではこの点がはっきりと指摘されている。例えば、『要綱』には次のような一節がある。

「しかし実際には、偏狭なブルジョア的形態が剝ぎ取られれば、富は、普遍的な交換によって作り出される、諸個人の諸欲求、諸能力、諸享楽、生産諸力、等々の普遍性でなくてなんであろうか？　富は、自然諸力に対する……人間の支配の十全な発展でなくてなんであろうか？　富は、先行の歴史的発展以外には何も前提しないで、人間の創造的諸素質を絶対的に表出すること（Herausarbeiten）でなくてなんであろう？……ブルジョア経済学では――またそれが対応する生産の時代には——、人間の内奥のこうした完全な表出（Herausarbeitung）は完全な空疎化として現われ、こうした普遍的対象化は総体的疎外として現われ、そして既定の一面的目的の一切を破棄することが、全くの外的な目的のために自己目的を犠牲に供することとして現われている。」（MEGA, II/1.2, S. 392,『資本論草稿集２』一三七〜一三八）

ここでは疎外された労働の産物である「私的所有」、すなわち富は、所有欲の対象であるという偏狭なブルジョア的形態を剝ぎ取れば、これまでの歴史的発展を前提した人間の創造的素質の表出であることが明確に表明されている。つまり、労働の疎外は、全く否定的な意味でだけとらえるべきではなく、むしろそれによって人間の内的な本質諸力が表出されて、資本主義的生産形態が廃止された生産形態の下での人間の素質の全面的な発展のための条件を創出するという歴史的な意義を持っているのである。これが疎外の肯定的・積極的な側面と言うべきものである。

また『資本論』第一巻の末尾に置くことを予定されていた『直接的生産過程の諸結果』（以下『諸結果』と略記）においては、労働の疎外は生産力の発展の上でのその歴史的に必然的な意味があらためて確認されている。

「これ［生きている労働に対する死んだ労働の支配、生産者に対する生産物の支配］は、観念形態の領域において宗教の中に現われる関係、すなわち主体の客体への転倒およびその逆の転倒という関係と全く同じ関係が、物質的生産において、現実の社会的生活過程——というのはそれが生産過程なのだから——において、現われているものである。歴史的に見れば、このような転倒は、富そのものの創造を、すなわち、ただそれだけが自由な人間社会の物質的基礎を形成しうる社会的労働の無容赦な生産力の創造を、多数者の犠牲において強要するための、必然的な通過点として現われる。このような対立的な形態を通らなければならないのは、ちょうど、人間が自分の精神的諸力をまず第一に自分に対立する独立な諸力として宗教的に形づくらなければならないのと同じことである。それは人間自身の労働の疎外過程である。[1]」（MEGA. II/4.1, S. 64-65.『直接的生産関係の諸結果』三二一〜三二二頁）

すなわち、資本主義的生産過程は、労働者の極度の貧困化と搾取を強制するという敵対的な生産形態を取りながら、人間の全面的な発達を可能とする自由な社会を築く基礎となる生産力の創造のために通過しなければならない歴史的に必然的な段階なのである。また、人間が精神的な力を宗教という疎外された世界で人間自身に対立した疎遠な力としてはじめて創造することができるのと同様に、現実的な世界の中でも人間は、機械などの労働手段が労働者を支配するという主体と客体の転倒を生み出す資本主義的生産という人間の労働の疎外過程を通じてはじめて自由な人間的発展に必要な物質的生産力を創造することができるのである。このようなわけで、労働の疎外過程である資本主義的生産は、人間的解放が達成される社会を建設するための物質的な条件——無限に豊かな生産力の発展——を準備するために経なければならない歴史上の一段階なのである。

注

（1）張一兵／中野英夫訳『マルクスへ帰れ』（情況出版、二〇一三年）は、マルクスのこの文章を引用した（同書六五一）あと、次のように述べている。「マルクスがここにおいて、経済学と歴史現象学の中で再度使用した科学的な疎外概念は、人間主義的な疎外概念とは異なっており、とくに、ここで使用した労働疎外の規定と『一八四四年手稿』で使用した労働疎外の間には根本的な異質性があるのである。」（同書六五四頁）この文で張氏は、『経哲草稿』ではじめて使用された労働疎外概念を「人間主義的な疎外概念」と見做しているが、この疎外概念が労働と労働の生産物の分離を表わす具体的な内容を持つ概念であって、決して「人間主義的な疎外概念」ではなかったことはこれまでの本書における議論から明らかなとおりである。『直接的生産過程の諸結果』で述べられた主体-客体の転倒を表わす労働の疎外概念も、もともとは本源的蓄積過程における労働と労働の対象的諸条件との分離、後者からの前者の疎外が資本主義的生産過程において死んだ労働〔客体〕による生きた労働〔主体〕の支配という転倒に転化した結果として現われた現象に過ぎない。したがって、『経哲草稿』での労働疎外概念は、張氏の言うように『直接的生産過程の諸結果』で用いられた「労働の疎外過程」における「労働の疎外」概念と異質なものであるとは決して言えないことは明らかである。

終章　初期マルクスから後期マルクスへ

『パリ草稿』における疎外論には三つの系譜があることはすでに述べたとおりである。それは成立した時間順に示せば、第一には『経哲草稿』の「第一草稿」における「疎外された労働」論または労働疎外論であり、第二には「ミル評註」における貨幣疎外論または社会的交通の疎外論であり、第三には『経哲草稿』の「第三草稿」で提起された「人間的生活の疎外」論または人間的本質の疎外論である。このうち第三の人間的本質の疎外論は『ドイツ・イデオロギー』で自己批判されて、それ以降のマルクスの書いたものにはそれに類する記述は見られない。しかし、この疎外論はマルクス主義ヒューマニズムの核心部分であるので、復権すべきであることはすでに述べた。他方、前二者の疎外論は『ドイツ・イデオロギー』においても維持されていることはすでに述べたとおりである。それではこの二つの疎外論が成立当初から中期・後期マルクスの経済学的著作にいたるまでにどのような進展を辿ることになるのかを見ていこう。

労働疎外論と貨幣疎外論とははじめから密接な関係のもとにあった。というのは、『経哲草稿』の「第一草稿」において「一切の疎外と貨幣制度との本質的連関」を概念把握することが意図され、「一切の疎外」とは事実上は労働の疎外であったからである。すなわちマルクスは労働疎外と貨幣疎外の本質的な関連を把握することによって国民経済、すなわち近代ブルジョア社会の経済構造を解明することができると考えたのである。また『経哲草稿』の労働疎外論と「ミル評註」の貨幣疎外論を全く別の理論的系譜と見做す風潮があるが、マルクスにとっては両者は「疎外された労働」という同一の視野のもとで案出されたものである。というのは、『経哲草稿』の「第一草稿」においても「ミル評註」においても「疎外された労働」という表現が見られ、それが両方において「営利労働」を指す概念として用いられているからである。したがって、『経哲草稿』の「第一草稿」も「ミル評註」も見方によってはどちらも「疎外された労働」論を展開したものと見做すことができるであろう。

次にそれぞれの疎外論の内容を振り返ってみる。まず第一に、労働疎外論からはじめよう。マルクスは労働または労働者と生産との関係に注目し、私的所有のもとでは労働者はその労働の結果である生産物から分離され、それを生産の管理者である他人に奪われるという「労働対象の疎外」を発見する。つまり労働の疎外は、第一には労働の生産物からの労働または労働者の分離にあることが明らかとなった。この「労働生産物と労働そのものの分離」こそ、『資本論』の第四章で理論的に導出された貨幣の資本への転化を歴史的に可能にする資本主義的生産の基礎であり出発点だとされたものである。なおこの分離は『要綱』や『資本論』の資本蓄積論ではより正確に「客体的な労働諸条件と主体的な労働力との分離」と表現されている。この意味で、労働疎外論は『資本論』の資本蓄積論において継承され、重要な役割を担っているのである。

もちろん、貨幣が資本に転化されるためには、貨幣が十分な発展を遂げていなければならないし、資本概念の成立と資本蓄積を論じる前には、あらかじめ貨幣の生成とその前提である商品の発生を理論的に辿り、商品・貨幣そのものを分析する商品・貨幣論が展開されていなければならない。そこで次に貨幣の成立の必然性を追究した貨幣疎外論の内容を振り返ってみる。「ミル評註」のマルクスは、私的所有が貨幣にまで進まなければならないのは、人間が社会的な存在として交換にまで進まざるを得ないし、交換は価値に進み、価値の価値としての実存こそが貨幣であるからだとする。そして交換とは社会的交通の疎外された形態であるので、貨幣も疎外された社会的交通を担う媒体である。このようにマルクスは価値からいきなり貨幣を導出するので、そこには商品論も欠けているし、また価値の実体を労働に求める労働価値論も否定されている。ただ貨幣の運動を通じて社会的関連が、人間に対抗する存在として現われながら、創造されていく側面が押し出されており、この社会的関連の対抗的側面が『ドイツ・イデオロギー』で社会的諸関係の自立化として疎外と捉えられることになる。こののち貨幣疎外論は、一時マルクスの著作から消えるが、『要綱』の「貨幣章」において復活し、貨幣は諸個人が社会的関連を自己から疎外した結果であると見做されている（vgl. MEGA II/1.1. S. 93.『資本論草稿集1』一四二頁を参照）しかし、『経済学批判』の「原初稿」以降の草稿や著作からは貨幣を疎外と関連付ける叙述は消え去り、貨幣を諸個人の社会的関連が対象化された物象と見做す物象化論が貨幣疎外論に代わって登場する。そして『資本論』の「商品章」の物神性論がそれに加わる。したがって、「疎外論から物象化論へ」という廣松渉のスローガンは不正確であり、それを言うなら「貨幣疎外論から物象化論・物神性論へ」というべきである。

さて労働疎外論にもどろう。『経哲草稿』の「第一草稿」において「労働対象からの疎外」、すなわち「労働者の労働生産物からの分離」として捉えられた「疎外された労働」の第一規定に続いて、最後に第四規定において「人間からの人間の疎外」、すなわち人類の労働者と資本家への分裂が導き出される。そして私的所有〔資本〕は疎外された労働〔賃労働〕の結果であることが判明する。またのちにこの原因─結果の関係は相互作用に転化するとされる。こうした論法は循環論証ではないかという議論が一部の研究者のあいだには存在するが、前述の貨幣の資本への歴史的転化の理論に戻って考えれば、こうした疑問は解消する。

私的所有が「疎外された労働」の産物であることは、前述のとおり「疎外された労働」の基本的規定である「労働の生産物からの労働（力）の分離」が資本主義的生産の基礎であるという資本蓄積論の規定から明らかである。では、相互作用が存在するというのは実際にはどういうことなのか。それは私的所有〔資本〕が疎外された労働〔賃労働〕を生み出すということを意味するが、無から賃労働は生じないので実際には従来の労働を資本が賃労働に転化することを意味することになる。そのための手段は資本家が労働者の労働力を購入することである。これによって私的所有〔資本〕は疎外された労働〔賃労働〕を生み出すのである。しかし、それが可能であるためには、労働が労働の対象的諸条件（土地や道具や機械などの生産手段）から分離・疎外されて、裸の労働力が存在していなければならない。これが「疎外された労働」の基本的規定であり、そして労働と土地との分離による裸の労働力の存在こそが資本が歴史的に存在するための前提条件である。この意味で疎外された労働は私的所有〔資本〕の原因である。つまり私的所有が疎外された労働を生み出す手段としての「資本による労働力の購入」は、労働の土地からの疎外を前提するという意味で「疎外された労働」を原因とする。これを短縮して言えば、私的所有が疎外された労働を生み出す手段は、疎外された労働の結果である。これは相互作用であるが、最終的には疎外された労働は、私的所有が疎外された労働を生み出すことの前提であり、原因であることに変わりはない。この意味で疎外された労働が私的所有の原因なのである。

ところで貨幣が資本に歴史的に転化する過程、すなわち資本の歴史的な生成過程は、経済学では「資本の本源的蓄積」と呼ばれている。これは貨幣所有者たちが節約、倹約して少しづつ貨幣を溜め込んで資本家になったことを物語的に表現するために経済学者たちが用いる言葉である。しかしそれは実際には、封建制度のもとで農奴や職人が土地や生産用具と癒着または結合していた農奴制や同職組合などの旧い封建的な生産形態の解体および独立した小生産者の没落によって彼らが所有していた土地や生産用具が彼らから奪われ、それらの生産手段から分離されていった歴史的過程を意味する。したがって、資本の本源的蓄積とは実際には、農民、職人および独立小生産者からの土地と生産用具の収奪過程であり、これによって収奪されたこれらの生産手段を貨幣所有者がかき集めて我がものとする過程である。この結果、一方には土地も道具もなくなって自らの労働力だけしか持たない裸同然の労働者、他方には生産手段を所有する資本家が対峙することになる。そうなれば当然、封建制度の人格的な束縛――領主・農奴関係や親方・職人関係――から自由になった労働者は、資本家に自分の労働力を売って賃金を得て生活するするしかない。こうして、資本の本源的蓄積を経て、資本の第一回目の生産がはじまるのである。

こうして資本主義的生産がはじまると、生産時には労働者は労働の対象的諸条件である生産手段と結合しているが、生産手段は資本家の所有下にあり、賃労働者としては彼らは相変わらず労働の対象的諸条件から分離されている。それゆえ、疎外は存続している。それだけでなく、彼ら自らが生産した生産物は資本家の所有物であり、彼らから分離されている。これは「疎外された労働」の第一規定で表わされた事態であり、疎外である。また機械などの生産手段はもはや封建時代からそのまま受け継いだものではなく、労働者自身が生産したものであるから、資本家に支配され従属している労働者は、自らが作った生産物〔機械〕に支配されている。また労働の材料や原料などの生産手段に関しても同様である。これも新たな疎外である。こうして労働者は生産を繰り返す中で、労働を始める前に存在した労働の対象的諸条件＝生産手段からの分離を再生産するとともに、自分の労働の成果である生産手段がますます大きく自らに対抗して向かってくる。機械制大工業においては、労働者が労働手段を使うのではなく、労働者は労働手段によって使われている。こうした主体〔労働者〕と客体〔労働手段〕との支配・被支配関係の転倒現象も労働疎外にほかならない。前者を「生きた労働」、後者を「死んだ労働」と呼べば、この転倒現象は死んだ労働による生きた労働の支配にほかならない。

『経哲草稿』ではじめて労働の疎外と規定された「労働（者）の生産物の分離」は『要綱』で「労働の客体的・対象的諸条件からの労働の分離」と一般的な規定に言い換えられて、『資本論』の第七篇の「資本の蓄積過程」の次の表現に受け継がれている。

「労働生産物と労働そのものの分離、客体的な労働諸条件と主体的な労働力との分離が、資本

主義的生産関係の事実的に与えられた基礎であり出発点だったのである。」（MEW, Bd. 23, S. 595）

この出発点であった「客体的な労働諸条件と主体的な労働力との分離」は再生産され、資本の蓄積とともに拡大再生産される。それとともにこの主体〔生きた労働〕と客体〔死んだ労働〕の分離は客体による主体の支配という主体－客体関係の転倒をもたらす。そして、こうした主客の転倒は、前章で示したように『諸結果』のマルクスによって「人間自身の労働の疎外過程」として人間が辿らなければならない歴史的な通過点だと見做される。すなわち、「歴史的に見れば、このような転倒〔主体の客体への転倒〕は、富そのものの創造を、すなわち、ただそれだけが自由な人間社会の物質的基礎を形成しうる社会的労働の無容赦な生産力の創造を、多数者の犠牲において強要するための、必然的な通過点として現われる。このような対立的な形態を通らなければならないのは、ちょうど、人間が自分の精神的諸力をまず第一に自分に対立する独立な諸力として宗教的に形づくらなければならないのと同じことである。それは人間自身の労働の疎外過程である。」（MEGA, II/4.1, S. 64/65,『直接的生産関係の諸結果』三二一～三二三）

以上の考察を通して、『経哲草稿』の「第一草稿」で展開された初期のマルクスの「疎外された労働」論が『資本論』にいたる経済学的研究の根底にあるマルクスの労働疎外論の端緒をなしていること、特に「第一草稿」の「断片」の終わりの部分でマルクスの提起した問いが中期・後期マルクスの経済学研究と疎外論を発展させる契機となったこと、すなわち本書の副題に掲げ

「まえがき」でも触れたいわゆる「カール・マルクス問題」は一応の解決を見たこと、したがってまた初期マルクスの思想と成熟した後期マルクスの思想とのあいだには断絶があるという主張には少なくとも労働疎外論と経済学研究に関するかぎり根拠がないことが明らかになったのではないかと筆者は考える。

あとがき

本書は書き下ろしであるが、その中核的部分はすでに『唯物論』（東京唯物論研究会、八七号、二〇一三年十一月）に掲載の拙論「資本蓄積論から見た初期マルクスの労働疎外論」として発表されている。初期マルクスの疎外論に対する関心は、故芝田進午広島大学名誉教授が法政大学の職を辞したのちに設立した「マルクス主義セミナー研究者養成コース」に筆者が受講生として参加した時以来のものである。当時の研究テーマは『経済学・哲学草稿』の第一草稿の「疎外された労働」断片で展開された「疎外された労働」と「私的所有」の関係の問題と「労働はどうして疎外されるのか」という疎外の歴史的起源の問題に集中していた。そして三十年に及ぶその後の研究生活はこの二つの問題に自分なりの解決を見出すことに費やされた。この目的のためにヘーゲルやフォイエルバッハの著作を研究し、マルクスの『資本論』やその草稿類を研究してきた。そのなかで辿りついた一つの結論は、初期マルクスの労働疎外論は『資本論』の「貨幣の資本への転化」論と資本蓄積論に結実しているというものだった。この結論の詳細は本文で明らかにされているので繰り返さないが、これによってこれまで研究者を悩ませてきた「カール・マルクス問題」が解決されたと考える。しかし、これは言わばこれまでの筆者のマルクス疎外論研究の副産物であったにすぎない。

ところで、初期マルクスの疎外論には三つの系譜があることは本書で述べたとおりであるが、そのうち後の経済学研究で継承・発展されていくのは貨幣疎外論と労働疎外論である。すなわち、これらの二つの疎外論は、『資本論』においてそれぞれ物象化論と疎外論に結実するわけであるが、『資本論』でのこれらの二つの理論の区別と関連がどのようなものであるかが近年の研究者の関心の的になっている。したがって、わたし自身もこの問題を次の研究課題に設定し、できれば著作として発表したいと考えている。他方、初期マルクスの残りの一つの疎外論は「人間的本質」の疎外論である。

「人間的本質」の概念は「フォイエルバッハ第六テーゼ」で「その現実性においては」「社会的諸関係の総体」であることがマルクスによって明らかにされ、そのフォイエルバッハ的抽象性が破棄された。しかし、『経済学・哲学草稿』で開陳された「人間的本質」の概念とその疎外論は、由来はフォイエルバッハのものであれ、マルクス独自の内容が組み入れられ、事実上唯物論的に改変されている。すなわち、「人間的本質」の実質的内容を成すものは、「人間の本質諸力」や「諸感覚」および「欲求」として抽象的ではなく具体的に把握されていて、歴史的に変化する存在として理解されている。したがって、初期マルクスの「人間的本質」の疎外論は、継承すべきマルクスの遺産として復権させ、新しいマルクス主義の人間論・人格論の形成に活用されるべきであると考える。筆者もその一端を担うべく努力するつもりである。

なお、本書の出版にあたり多くの方々に力を貸していただいた。まず多忙ななか本書の草稿を読んで貴重な助言を与えていただいた枝松正行氏に感謝の意を表わしたい。また出版社の紹介の労をとっていただいた岩佐茂氏に心から感謝したい。最後に、一介の在野の研究者の原稿を読んでいただき、出版を実現させていただいた社会評論社の松田健二氏に衷心より感謝申し上げたい。

二〇一六年三月一四日

著者

ワ行

ヤ行

ラ行

マ行

ナ行

ハ行

サ行

タ行

人名・著作索引

（マルクス、エンゲルス、ヘーゲルは除く）

著者紹介

長島　功（ながしま・いさお）

翻訳家、哲学研究者。バイオハザード予防市民センター事務局長。
唯物論研究協会会員、東京唯物論研究会会員。
1950年生まれ。1983年広島大学大学院地域研究研究科修士課程修了。国際学修士。専攻：哲学、環境社会学。

著書論文その他

『教えてバイオハザード！』（共著、緑風出版、2003年）、『国立感染研は安全か――バイオハザード裁判の予見するもの』（共著、緑風出版、2010年）、クリムスキー他著『遺伝子操作時代の権利と自由』（翻訳、緑風出版、2012年）、『芝田進午遺稿集―バイオ時代と安全性の哲学』（編訳、桐書房、2015年3月）、「遺伝子操作技術の生命・環境・社会倫理的問題点」（東京唯研『唯物論』84号、2010年）、「資本蓄積論から見た初期マルクスの労働疎外論」（同上87号、2013年）その他多数。

マルクス疎外論の射程――「カール・マルクス問題」の解決のために

2016年６月10日　初版第１刷発行

著　者：長島　功
装　幀：吉永昌生
発行人：松田健二
発行所：株式会社 社会評論社
　　　　東京都文京区本郷2-3-10　☎03(3814)3861　FAX 03(3818)2808
　　　　http://www.shahyo.com/
組　版：スマイル企画
印刷・製本：ミツワ